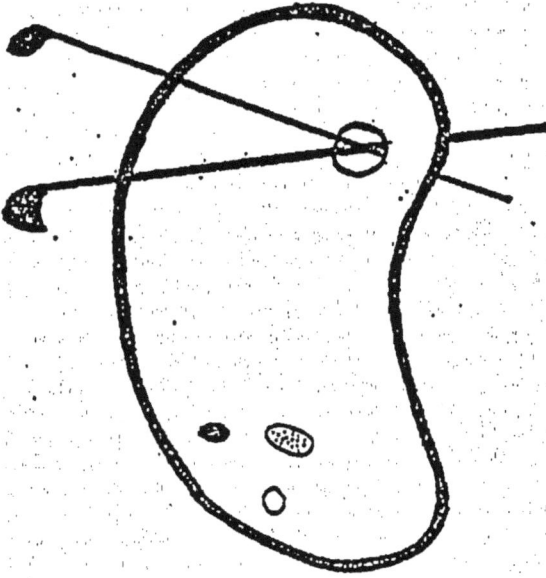

CICÉRON

DE LA NATURE DES DIEUX

LIVRE SECOND

A LA MÊME LIBRAIRIE

CICÉRON

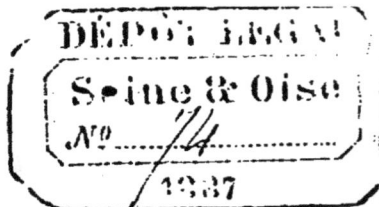

DE LA NATURE DES DIEUX

(LIVRE SECOND)

TRADUCTION FRANÇAISE

PRÉCÉDÉE

D'UNE INTRODUCTION SUR LE STOICISME ET LA RELIGION DE CICÉRON

AVEC UN RÉSUMÉ ANALYTIQUE DU LIVRE

PAR

E. MAILLET

AGRÉGÉ DES LETTRES ET DE PHILOSOPHIE, DOCTEUR ÈS LETTRES
PROFESSEUR DE PHILOSOPHIE AU LYCÉE LOUIS-LE-GRAND

PARIS

LIBRAIRIE CLASSIQUE EUGÈNE BELIN

Vᵉ EUGÈNE BELIN ET FILS

RUE DE VAUGIRARD, N° 52

1887

Tout exemplaire de cet ouvrage non revêtu de ma griffe sera réputé contrefait.

INTRODUCTION

I. — Le *de Natura deorum;* LES PERSONNAGES, LES DOCTRINES;
LA QUESTION DES SOURCES DU IIᵉ LIVRE.

Le *de Natura deorum* a été composé pendant la dernière période, à la fois si remplie et si agitée, de la vie de Cicéron. Rendu par la mort de César à la préoccupation des affaires publiques, mais désireux en même temps d'achever le cycle d'études philosophiques qu'il avait commencé pendant sa retraite, poussé d'ailleurs en avant par l'approche de la vieillesse, par la menace des événements, le grand orateur donnait alors à la philosophie tout le temps qu'il pouvait dérober à l'État. C'est à cette période que se rapportent non seulement le *de Natura deorum,* mais encore les deux autres ouvrages que Cicéron a écrits sur des questions religieuses : le *de Divinatione* et le *de Fato;* alors aussi furent composés, avec le traité perdu *de la Gloire,* le *de Officiis,* le *de Amicitia* et le *de Senectute.* La philosophie était devenue, de plus en plus, pour Cicéron, un refuge contre les tristesses et les inquiétudes du présent; c'est à elle seule qu'il demandait la consolation au milieu des pensées tumultueuses qui ne cessaient de l'assaillir.

La date précise de la composition de l'ouvrage semble être l'an 44 avant Jésus-Christ (711 de Rome); mais le dialogue est reporté à plus de trente ans en arrière. Un passage du livre Iᵉʳ, chap. VI, § 15, nous apprend que ce dialogue eut lieu, pendant les *féries latines,* dans la maison de C. Aurélius Cotta; l'année n'est d'ailleurs pas désignée; mais ce fut, sans aucun doute, de 77 à 75. En effet, nous apprenons, par le même passage, que Cotta était alors pontife, mais qu'il n'était point encore consul; ce qui donnerait, en tout cas, comme dates extrêmes, 82 et 75; mais, de cette période, il faut retrancher les années 79-77, consacrées au voyage de Cicéron à Athènes et à Rhodes; et, d'autre part, si l'on songe que le IIᵉ livre, ainsi que nous l'établirons tout à l'heure, est inspiré à peu près exclusivement par les doctrines de Posidonius, dont Cicéron fut le disciple pendant son voyage à Rhodes, il devient peu vraisemblable que l'entretien soit antérieur à ce voyage. On le voit donc : à l'époque où le dialogue eut lieu, Cicéron devait avoir environ trente ans.

Les trois personnages mis en scène sont : C. Aurélius Cotta, qui représente les doctrines de la nouvelle académie; Velleius, qui expose la théorie épicurienne; Q. Lucilius Balbus, qui est le porteparole des stoïciens.

Sur ces deux derniers personnages, nous ne savons que peu de chose. Velleius était né à Lanuvium. Il prit possession de la tribune vers l'année 90; mais, bien qu'il eût un certain talent, il ne semble pas s'être élevé très haut dans son art, puisque, dans l'*Orator*, Cicéron lui applique cette épithète : *rudis dicendi*. En revanche, nous savons, par le passage cité tout à l'heure (*de Nat. deor.*, I, VI, 15), qu'il tenait le premier rang parmi les Romains de sa secte : *Ad quem tum Epicurei primas ex nostris hominibus deferebant*. Toutefois, ce n'est pas lui qui représente l'épicurisme dans la grande discussion du *de Finibus*, où les intérêts de l'école sont confiés à L. Manlius Torquatus, descendant du célèbre personnage que Cicéron évoque en une sorte de prosopopée, pour lui faire réfuter les doctrines soutenues par celui qui représente sa famille.

Nous avons moins de renseignements encore sur Q. Lucilius Balbus. Tout ce que nous pouvons dire de lui, c'est qu'il était un des interlocuteurs du dialogue perdu de l'*Hortensius*, et que ses compatriotes l'égalaient aux stoïciens les plus distingués de la Grèce : *Tantos progressus habebat in Stoïcis ut cum excellentissimis in eo genere Græcis compararetur*. Toutefois, ce n'est pas lui non plus qui défend la doctrine stoïcienne dans les autres dialogues de Cicéron où cette doctrine est discutée. Dans la discussion morale du *de Finibus*, c'est Caton qui est le champion des stoïciens; et dans le *de Divinatione*, où Cicéron soutient personnellement une doctrine éclectique, mêlée de stoïcisme et d'académisme, c'est à son frère Quintus qu'il confie les intérêts de l'orthodoxie stoïcienne.

En revanche, nous avons plus de détails sur Cotta. Nous savons qu'il naquit vers l'an 124; qu'exilé vers l'an 91, il resta éloigné de Rome pendant toute la durée de la guerre sociale, et rentra dans cette ville, en 82, lorsque l'ordre y fut rétabli par Sylla. Il devint alors membre du collège des pontifes; puis, créé consul en 75, il rendit aux tribuns un certain nombre de privilèges que la tyrannie de Sylla leur avait enlevés. A l'issue de son consulat, il obtint le gouvernement de la province de Gaule, et y remporta des succès qui lui firent décerner le triomphe; mais, avant d'avoir pu recevoir cet honneur, il succomba aux suites d'une ancienne blessure qui s'était rouverte. Cotta est un des interlocuteurs du *de Oratore*, où il soutient que l'étude du système philosophique de la nouvelle académie est indispensable à quiconque veut devenir un parfait orateur.

Le rapprochement de ces trois personnages dans le *de Natura deorum* nous révèle suffisamment l'esprit de cet ouvrage. Ce n'est pas un écrit dogmatique, où Cicéron, à défaut d'un système original, ait du moins à cœur de marquer fortement ses préférences personnelles ; il se contente d'y mettre en présence les trois doctrines qui se partageaient alors les âmes, et que lui-même avait successivement apprises de ses différents maîtres.

Rappelons-nous, en effet, qu'à cette époque, la philosophie de Platon et celle d'Aristote avaient cessé de diriger les esprits ; elles s'étaient mêlées au stoïcisme dans une sorte d'éclectisme vague, et, en même temps, elles s'étaient aussi, à certains égards, confondues l'une avec l'autre. « Carnéade, dit M. Ravaisson, avait déclaré qu'entre les péripatéticiens et les stoïciens, il n'y avait que des disputes de mots ; puis Antiochus avait cru s'apercevoir que l'école platonicienne et l'école péripatéticienne ne différaient aussi l'une de l'autre que par les noms divers qu'elles donnaient à des choses identiques. » Par conséquent, le stoïcisme, l'épicurisme et la nouvelle académie étaient les seules doctrines qui eussent réussi à s'implanter dans Rome et à s'y disputer la faveur publique.

Cicéron, dans sa jeunesse, les avait aussi étudiées tour à tour. En effet, à Rome même, il avait eu d'abord trois maîtres principaux. Le premier de ces maîtres fut le philosophe épicurien Phèdre d'Athènes, dont il suivit les leçons en même temps que son ami Atticus, et dont il garda toujours un bon et affectueux souvenir. Un peu plus tard, Cicéron s'attacha à l'académicien Philon de Larisse, et lui voua aussi une sincère affection, qui le lui fit considérer à tort comme un grand homme. On peut croire, d'ailleurs, que l'enseignement de ce philosophe a réellement laissé dans son esprit des traces profondes, puisque Cicéron fit toujours profession d'appartenir à la nouvelle académie. Il est vrai que le demi-scepticisme de cette école devait lui plaire par la facilité qu'il donnait à son esprit, essentiellement oratoire, de s'attacher tour à tour aux différents aspects des choses et des questions. Enfin, Cicéron suivit encore à cette époque les leçons d'un troisième maître, le stoïcien Diodote, dont il resta toujours l'ami, et qu'il garda dans sa maison pendant de longues années.

Mais ce ne fut pas tout. Il était destiné à recevoir une seconde fois l'empreinte de ces trois doctrines avec lesquelles il s'était familiarisé de bonne heure. Son voyage de 79 à 77 le mit encore en rapport avec trois philosophes, dont chacun devait lui faire approfondir un des systèmes qu'il avait précédemment étudiés. Ce furent l'épicurien Zénon et l'académicien Antiochus, qu'il entendit à Athènes, mais surtout le stoïcien Posidonius, auquel il s'attacha avec un véritable enthousiasme pendant le séjour qu'il fit à Rhodes.

C'est l'influence de ce dernier philosophe qu'il importe surtout de signaler ici. En effet, la connaissance des relations intellectuelles de Cicéron avec Posidonius nous est nécessaire, si nous voulons résoudre une des questions les plus intéressantes qu'on puisse se poser au sujet du *de Natura deorum*, ou plutôt du IIe livre, qui en est la partie la plus essentielle.

Quelle est l'inspiration que Cicéron a subie en écrivant ce livre? Quelle est la source où il l'a puisé?

Il ne suffirait pas de répondre qu'il l'a puisé à la source stoïcienne. Il y a, en effet, deux périodes bien distinctes dans l'évolution du stoïcisme. La première est celle du stoïcisme pur, représenté par Zénon, Chrysippe et Cléanthe; la seconde est celle du néo-stoïcisme ou stoïcisme éclectique, dont les représentants les plus célèbres sont : Panétius de Rhodes (190-111) et Posidonius d'Apamée (133-49), celui-là même dont nous venons de voir que Cicéron fut, à Rhodes, l'auditeur assidu.

Mais, entre ces deux philosophes eux-mêmes, il faut établir une distinction. S'ils se ressemblent par leur éclectisme, c'est-à-dire par leur tendance commune à corriger ou à compléter le stoïcisme en y mêlant quelques doctrines de Platon et d'Aristote, il y a aussi entre eux un caractère différentiel; c'est que Panétius a joué vraiment, dans l'école stoïcienne, le rôle d'un révolutionnaire, et qu'il a sacrifié quelques-unes des théories auxquelles les maîtres de cette école avaient été le plus attachés, tandis que Posidonius est revenu à ces théories, en se contentant de les modifier et de les renouveler légèrement.

Ainsi, Panétius avait rejeté, comme contraire au système d'Aristote, l'idée des conflagrations périodiques du monde, idée que les stoïciens avaient empruntée à Héraclite.

Il s'était, de même, séparé des stoïciens par sa théorie des passions. Il ne croyait pas que le sage dût se renfermer dans une impassibilité absolue; qu'il n'y eût point de degrés entre la vertu parfaite et la vie entièrement vicieuse; enfin, que la vertu seule méritât d'être appelée un bien, et que toutes les autres choses fussent indifférentes.

Enfin et surtout, il avait attaqué ou du moins mis en doute, dans son traité *de la Mantique*, la croyance à la divination, que Chrysippe considérait comme une conséquence nécessaire de l'enchaînement de tous les êtres et de tous les événements dans l'unité organique de la nature.

Au contraire, sur la plupart de ces questions, Posidonius s'est rapproché des fondateurs du stoïcisme. Il a repris, par exemple, avec quelques changements, l'idée des périodes rythmiques de conflagration et de rénovation de l'univers; il a, surtout, enseigné de nouveau la légitimité de la divination, en la rattachant à trois principes distincts : 1° l'intuition directe que l'âme peut avoir de l'avenir par suite de sa parenté avec les dieux; 2° l'existence dans l'atmosphère d'âmes immortelles en qui se manifestent de vives empreintes de la vérité; 3° la bienveillance des dieux, qui condescendent à s'abaisser jusqu'à l'homme et à s'entretenir avec lui pendant son sommeil.

Ces faits rappelés, nous retrouvons la question laissée en sus-
pens : Quelle est l'influence stoïcienne que Cicéron a subie en écrivant le *de Natura deorum ?*

Ce n'est pas celle des premiers stoïciens. Cicéron est toujours
resté, dans ses écrits, en dehors du stoïcisme pur ; il en a répudié
les doctrines, au point de les appeler un jour les inepties des
stoïciens, *ineptias Stoïcorum.*

C'est donc celle du néo-stoïcisme ; et l'on peut dire que là se
trouve l'intérêt principal du IIe livre. C'est, en somme, un intérêt
historique. Il ne nous reste rien ou presque rien des écrits religieux,
des Περὶ Θεῶν et des Περὶ Προνοίας qui furent alors composés en
grand nombre ; nous ne les connaissons plus que par les allusions
qui y sont faites dans les écrits de Plutarque ou par les fragments
que nous en a conservés Stobée. Vraisemblablement le IIe livre du
de Natura deorum garde la vivante empreinte, et, dans certains passages, reproduit la substance même de quelques-uns de ces traités.

Mais nous venons de voir que, dans le néo-stoïcisme lui-même,
il y a une réelle divergence d'idées. La question se précise donc
ainsi : Quelle est l'influence néo-stoïcienne que Cicéron a subie
dans le IIe livre ? Est-ce celle de Panétius, dont il s'est évidemment
inspiré un peu plus tard dans le *de Officiis ?* Est-ce celle de Posidonius ?

Plusieurs commentateurs contemporains inclinent à croire que
ces deux influences se partagent le IIe livre du *de Natura deorum,*
et ils invoquent à ce sujet quelques raisons assez spécieuses.

La plus importante peut-être, c'est que les stoïciens de cette
époque avaient l'habitude de traiter séparément dans leurs écrits
la question de l'existence ou de la nature des dieux et celle du
gouvernement providentiel du monde. Ainsi Diogène Laërce distingue nettement le Περὶ Προνοίας de Chrysippe d'avec son Περὶ
Θεῶν. Or, nous savons que Panétius avait écrit un Περὶ Προνοίας,
et Posidonius un Περὶ Θεῶν. On en conclut que Cicéron a dû em-
prunter au Περὶ Θεῶν de Posidonius la partie de son IIe livre qui
traite proprement de la nature des dieux, et au Περὶ Προνοίας de
Panétius la partie consacrée à la démonstration de la Providence.

D'autre part, on fait remarquer aussi, pour corroborer cette opinion, que dans une lettre à Atticus, datée de juin 45, un an avant la
publication du *de Natura deorum,* Cicéron demande à son ami de
lui envoyer, entre autres choses, le Περὶ Προνοίας de Panétius. On
en tire toujours cette même conclusion, que la partie du IIe livre
qui traite de la Providence est inspirée par Panétius, et non par
Posidonius.

Mais la première raison s'évanouit, si l'on songe que Diogène
Laërce nous apprend expressément que Posidonius, contrairement
aux autres stoïciens, traitait à la fois dans son Περὶ Θεῶν la question
de la nature des dieux et celle de leur providence : dans le 1er livre
de cet ouvrage, il établissait la divinité du ciel et du monde ; dans

a.

le IIIᵉ, il donnait les preuves d'un gouvernement providentiel de l'univers; dans le Vᵉ, il réfutait les épicuriens.

Quant à la seconde raison, il ne faut point en exagérer la portée. Elle prouve simplement que Cicéron se mit assez tard à l'étude des écrits de Panétius, et qu'il étudia le Περὶ Προνοίας de ce philosophe à peu près à l'époque où il écrivit lui-même le *de Natura deorum.* Mais on aurait tort d'en déduire que l'influence de cette lecture s'est fait sentir dans le *de Natura deorum* lui-même. Elle n'apparaît que l'année suivante, dans le *de Divinatione*, où Cicéron, séduit par les arguments de Carnéade et de Panétius, se prononce contre la divination, après l'avoir présentée d'abord comme une des meilleures preuves de l'existence des dieux.

Voici maintenant les principales raisons qui portent à croire que le traité de Posidonius est la source unique d'où Cicéron a tiré son IIᵉ livre.

D'abord, nous savons que Posidonius avait rompu avec la sécheresse de style et de dialectique qui était habituelle aux premiers stoïciens. Il aimait, au contraire, à agrémenter, à *illustrer* en quelque sorte son style par des citations d'historiens et surtout de poètes. Or, c'est là justement un des caractères qui nous frappent le plus dans l'exposition de la doctrine stoïcienne par Balbus. Cette exposition est sans cesse relevée soit pas des récits d'historiens, comme ceux qui se rapportent, dans les premiers chapitres, aux succès ou aux épreuves de Rome, soit par des citations de poètes, comme celles d'Ennius sur la divinité du ciel, d'Attius sur le vaisseau des Argonautes, d'Aratus sur les constellations célestes. Il est donc permis de supposer que Cicéron a pu modifier ces citations, substituer çà et là des poètes latins à des poètes grecs, mais qu'il a conservé la forme générale de l'ouvrage qu'il imitait, et que c'était celui de Posidonius.

D'autre part, bien que Panétius, comme nous l'avons déjà remarqué, ait souvent substitué dans sa philosophie les doctrines du Lycée à celles du Portique, on peut dire que Posidonius a pénétré bien plus profondément que son maître dans la connaissance des théories scientifiques d'Aristote. Strabon a dit de lui : Πολὺ γάρ ἐστι παρ' αὐτῷ τὸ ἀριστοτελίζον. Or, le IIᵉ livre du *de Natura deorum* contient des allusions nombreuses soit à Aristote lui-même, §§ 95 et 125, soit aux plus célèbres théories scientifiques d'Aristote, telles que la génération spontanée, § 26, l'échelle des êtres, § 33, le mouvement des choses vers la perfection, § 36, les habitants des divers éléments, § 42, la nature, le hasard et la liberté, § 43, le mouvement volontaire des étoiles, § 44, la grande année, § 51, l'opposition des régions supralunaires et sublunaires, § 56, et enfin un grand nombre de faits d'anatomie et de zoologie qui remplissent les paragraphes suivants. C'est une raison de plus pour croire que l'ouvrage de Posidonius a servi de modèle à Cicéron.

Mais la raison la plus importante reste celle-ci : Dans le IIᵉ livre du *de Natura deorum*, Cicéron, bien qu'il n'intervienne pas lui-même comme personnage du dialogue, met dans la bouche de Balbus un éloge si chaleureux et si convaincu de la divination que, sur ce point encore, il semble bien subir l'influence toute récente de Posidonius : « La vérité de la divination, dit en effet Balbus, se manifeste en beaucoup de temps, de lieux et de circonstances, aussi bien pour les affaires privées que pour les affaires publiques. Beaucoup d'événements sont discernés par les haruspices, prévus par les augures, révélés par les oracles, par les vaticinations, par les songes, par les prodiges. Grâce aux lumières qui nous arrivent par ces différentes voies, beaucoup d'avantages ont été acquis, beaucoup de dangers ont été écartés. Appelez donc la divination un délire, un art ou une faculté naturelle, toujours est-il qu'elle a été donnée à l'homme, et à l'homme seul, par les dieux immortels en vue de lui faire connaître l'avenir » et « de le mettre ainsi sous la protection de leur providence. »

II. — LA RELIGION ROMAINE ET LE STOÏCISME.

Le II⁰ livre du *de Natura deorum* est, avons-nous dit, la partie la plus importante de l'ouvrage ; cela ne tient pas seulement à la cohésion et à l'ampleur de ses développements, à la beauté oratoire ou poétique de quelques-unes de ses pages ; il faut en chercher surtout la raison dans le sujet même auquel il est consacré.

Ce sujet, c'est la conception religieuse des stoïciens. Or, le stoïcisme se distingue des autres systèmes philosophiques qui dominaient alors en ce qu'il avait de profondes affinités avec la religion romaine ; et ces affinités permettaient aux esprits à la fois philosophiques et religieux de donner une forme rationnelle aux croyances dans lesquelles ils avaient été élevés.

A ce point de vue, le II⁰ livre du *de Natura deorum* présente peut-être un nouveau genre d'intérêt. Il nous fournit des indications précieuses pour examiner quelle a pu être la pensée religieuse de Cicéron lui-même.

C'est un point que nous retrouverons tout à l'heure ; voyons d'abord quelles sont les plus importantes de ces affinités qui existaient entre le stoïcisme et les croyances de la religion romaine.

Cette religion, bien qu'elle se rattache à la même souche que celle des Grecs et présente avec elle des points communs, s'en distingue néanmoins par un certain nombre de caractères différentiels très saillants.

Le principal peut-être, celui du moins qu'on a le plus souvent mis en lumière, c'est qu'elle n'a pas ou presque pas de mythologie. Elle répugne aux légendes. Tandis que la religion des Grecs enveloppe d'une légende poétique la divinité tutélaire de chaque ville, incarne dans cette divinité quelque forme brillante de l'activité pacifique ou de l'activité guerrière et l'enveloppe ainsi d'une personnalité nettement distincte, le génie plus calme et plus posé des Romains conçoit les dieux comme autant de manifestations particulières des puissances de la nature; il crée ainsi de petites divinités qui n'ont pas d'histoire et dont aucune ne se détache des autres avec un puissant relief.

De là il résulte que la religion grecque est essentiellement polythéiste. Sa tendance, c'est de considérer ses dieux comme irréductibles les uns aux autres, c'est de conserver à chacun son individualité. Par conséquent, le panthéisme des stoïciens, comme le monothéisme de Socrate, est antipathique à la religion grecque; il ne peut pénétrer dans son sein qu'à titre d'hérésie.

Tout au contraire, la religion romaine semble appeler le panthéisme comme son complément nécessaire, comme son interprétation naturelle. Ces divinités si nombreuses, si diverses, dont se compose pour elle le culte de la campagne ou celui du foyer, se laissent absorber sans peine, sans résistance, au sein d'une divinité unique. Plus elles se multiplient, se ramifient, se divisent et se subdivisent, plus il devient aisé de comprendre qu'elles se réduisent en somme à des manifestations secondaires d'une puissance infinie, seule réelle, seule vivante, d'où proviennent et où rentrent toutes choses.

Rien de plus curieux, à cet égard, dans la religion primitive des Romains que cette longue liste de divinités qu'on désigne sous le nom de dieux des *Indigitamenta*. Ces dieux président à toutes les fonctions de la vie humaine; mais ils se partagent en quelque sorte la besogne, et, par un raffinement bien curieux de l'esprit analytique, la religion romaine en crée un si grand nombre que chacun d'eux se trouve n'avoir sous sa direction qu'un simple détail d'une fonction déterminée. Ainsi l'éducation première du petit enfant est sous la tutelle d'un grand nombre de divinités dont chacune ne préside qu'à une toute petite phase de cette grande œuvre. M. Gaston Boissier, dans sa *Religion romaine*, en détache un exemple bien curieux : à Rome, dit-il, on met chaque circonstance de la vie humaine « sous la protection de dieux spéciaux, créés pour cette circonstance même et qui n'ont pas d'autre usage. Il y a celui qui fait pousser à l'enfant son premier cri (*Vaticanus*), et celui qui lui fait prononcer sa première parole (*Fabulinus*); l'un et l'autre ne font pas autre chose et ne sont invoqués qu'en cette occasion. Aussi ne portent-ils en général d'autre nom que celui de leurs fonctions mêmes, comme si l'on voulait faire entendre qu'ils n'ont pas d'existence réelle en dehors de l'acte auquel ils président. Leur compétence est extrêmement bornée; l'action la plus simple donne souvent naissance à plusieurs divinités. Quand l'enfant est sevré, il y en a une qui lui apprend à manger (*Educa*), une autre qui lui apprend à boire (*Potina*); une troisième le fait tenir tranquille dans le petit lit où il repose (*Cuba*). Lorsqu'il commence à marcher, quatre déesses sont chargées de protéger ses premiers pas ; deux l'accompagnent quand il sort de la maison, deux le ramènent quand il y rentre (*Abeona* et *Adeona, Iterduca* et *Domiduca*). Les listes étaient donc interminables et multipliées à l'infini. »

Cette idée d'une sorte de division à l'infini du travail de la Providence se retrouve partout dans les listes de dieux des *Indigitamenta*. La protection de la divinité sur l'homme y reparaît diversifiée de mille manières, à propos de toutes les phases et de tous les événements de la vie ; il y a toute une série de dieux de la naissance et de dieux de la mort, toute une série de divinités protectrices du mariage et du lit conjugal. De même pour l'agriculture : pas une phase du travail de la campagne, pas un moment de l'évolution du grain de blé sur lequel ne veille spécialement quelque puissance divine. On peut en suivre tout le détail dans Preller : « Seia et Segetia protègent la semence, l'une au moment où on la confie à la terre, l'autre au moment où la moisson future sort déjà du sol. Proserpine veille sur l'épi quand il sort de terre ; Divus Nodotus le fait passer d'un nœud à l'autre ; Volutine l'enveloppe de sa gaîne, Patelena ouvre cette gaîne pour que l'épi puisse en sortir. » Une déesse Hostilina (du vieux mot latin *hostire*) a pour fonction d'égaliser les têtes des épis ; « Flore veille à leur floraison ; Lacturcia conserve l'épi encore laiteux ; Matura le fait mûrir, Runcina enlève les mauvaises herbes ; Messia préside à la coupe du blé, Tutilina à sa rentrée dans les granges, Terensis à son battage. » A ces divinités féminines s'ajoutent encore un grand nombre de dieux masculins : « Vervactor brise le premier les terres du champ moissonné ; Imporcitor y passe la herse ; Insitor y jette les semences...... Messor coupe la moisson, Convector la rentre, Conditor l'emmagasine, etc., etc. »

Tel est l'esprit de la vieille religion romaine. Or, qui ne voit que ces dieux dont elle est si prodigue ne sont plus des personnes, ne sont plus même des forces? Ce sont seulement des noms : *Numina nomina*. Ce ne sont plus que des abstractions, de purs symboles, et le travail mythologique qui donne naissance à de telles divinités n'est qu'un effort d'analyse et de réflexion pour exprimer toute la diversité des bienfaits dont l'homme est redevable à Dieu. Dès lors, un monothéisme, panthéistique ou autre, est virtuellement au fond de cette religion, et, suivant l'ingénieuse remarque de M. Bouché-Leclercq, la liste des divinités romaines ne saurait être mieux comparée qu'à cette suite, à cette guirlande poétique d'attributs dont se composent nos *Litanies de la Vierge* ; là déesse *Educa* et la déesse *Potina* n'ont pas plus de réalité substantielle et séparée que la *Consolatrix afflictorum* ou le *Refugium peccatorum*, que la *Stella matutina* ou la *Turris eburnea*.

C'est là que nous trouvons une première affinité naturelle, une première harmonie préétablie entre la religion romaine et la théologie des stoïciens. Aussitôt que la doctrine de Zénon pénétra à Rome, son Dieu âme du monde se glissa en quelque sorte sous ce vaste réseau mythologique et le remplit de son unité et de sa continuité puissantes; il s'insinua sous toutes ces petites divinités sans personnalité et sans action; il les réduisit toutes, Génies, Lares, Pénates, *Dii semones* et *Dii indigetes*, à n'être que des manifestations fugitives de son activité, que des anneaux de cette chaîne dont il enveloppe l'univers.

Mais, à côté de cette première ressemblance, le développement même de la conception stoïcienne en devait bientôt faire apparaître plusieurs autres.

La plus curieuse peut-être, la plus inattendue, c'est la relation qui ne tarda pas à se manifester entre les idées superstitieuses de la religion romaine, entre ses pratiques divinatoires, d'une part, et le déterminisme stoïcien, de l'autre.

Que les Romains aient été un peuple essentiellement superstitieux, c'est une des choses qui, au premier abord, nous étonnent le plus dans l'histoire. Leur divination, leur science augurale, avec ses bizarreries et ses puérilités, nous déroute comme une énigme, nous choque comme une contradiction. Nous avons peine à comprendre qu'une race audacieuse qui a conquis le monde ait été à tout moment arrêtée dans ses entreprises par les scrupules les plus étranges. Rome s'attaquait par les armes à l'univers tout entier, et en même temps elle s'arrêtait tremblante devant un présage; ses généraux, ses hommes d'Etat n'osaient engager une bataille, proposer une loi, sans s'inquiéter de savoir si une corneille avait volé à droite ou à gauche et si les poulets sacrés avaient laissé tomber de leur bec les grains qu'on leur offrait. En présence de cette singulière antinomie, on finit par se demander si ce n'est pas le hasard seul qui a fait la grandeur romaine.

Mais, il suffit de considérer les choses de plus près pour découvrir que cette tendance des Romains à la superstition dérive de la profondeur même de leur sentiment religieux. S'ils consultaient sans cesse la divinité, c'est que, plus que tous les autres peuples, ils la croyaient toujours et partout présente autour d'eux. Leur religion, ne l'oublions pas, n'est qu'un rameau détaché du vieux culte commun aux races agricoles de l'Italie, populations laborieuses et pauvres qui n'avaient d'autres ressources que leurs récoltes, qui n'attendaient que de l'état du ciel et du caprice des saisons leur salut ou leur ruine. Ce culte était celui des puissances de la nature, des forces bienfaisantes ou nuisibles qui accélèrent ou qui retardent l'essor de la végétation, qui donnent ou qui refusent aux productions de la terre la maturité désirée. Mais, ces forces, l'homme primitif ne se les représente pas d'une manière abstraite; ce sont pour lui des volontés, volontés capricieuses, instables, ombrageuses, dont il faut prévoir les variations, ménager les susceptibilités, fléchir les colères. L'art de comprendre les signes du temps devient ainsi l'art d'interpréter les présages divins, de reconnaître à des signes infiniment délicats si les dieux sont propices ou irrités. Cet art prit à Rome un développement considérable, d'abord par la religion nationale des augures, ensuite par la religion étrusque des haruspices; il se compliqua de plus en plus, il se surchargea de formules d'invocation qui avaient pour but de donner à chaque divinité son véritable nom, de lui attribuer en l'implorant ses vrais caractères et ses vraies fonctions, d'éviter toute erreur qui aurait pu exciter sa jalousie ou son ressentiment. Ainsi, la superstition romaine est, sans doute, fort irrationnelle, mais enfin elle repose sur l'idée d'un système parfaitement lié de communications qui unit Dieu à l'homme par l'intermédiaire de la nature, et qui fait de chaque phénomène physique, fût-ce simplement un coup de tonnerre ou un vol d'oiseaux, le signe de quelque volonté ou de quelque passion divine.

Or, la philosophie stoïcienne contient une théorie dont la conséquence naturelle est de justifier les idées les plus superstitieuses de la religion romaine sur la divination.

Les stoïciens, en effet, croient qu'il y a dans la nature non pas seulement un ordre extérieur, mais une vivante unité, et que tous les êtres y forment une chaîne ininterrompue. Pour eux, l'univers est un véritable organisme dont les parties se supposent et se soutiennent réciproquement; une même vie y circule d'un bout à l'autre, et les êtres y sont unis par les liens d'une véritable solidarité. Par suite, tous les phénomènes y sont *signes* les uns des autres, et ce qui se passe dans une région du monde retentit de proche en proche dans toutes les autres régions. Cette solidarité, ils ne la conçoivent pas seulement, comme feront plus tard les cartésiens, sous une forme mécanique; ce n'est pas pour eux un simple choc qui se transmet d'une extrémité à l'autre de l'univers. Ils se la représentent sous une forme psychologique. La nature est pour eux un corps vivant, dont une sensibilité commune relie toutes les parties. Voilà pourquoi ils l'appellent si souvent, comme on en trouvera plusieurs exemples dans ce II⁰ livre, la nature sentante, *natura sentiens*. Pour eux, tous les éléments de l'univers conspirent vers un même but : σύμπνοια πάντα; ils vont unis les uns aux autres par une communication vraiment sympathique, συνέχεια, συντονία, συμπάθεια.

De cette conception si originale, il résulte que la divination n'est pas seulement possible, elle est encore conforme à la loi générale et à l'essence même de la nature. Si l'âme humaine est une haute manifestation de la *natura sentiens*, il peut, il doit y avoir en elle une attente instinctive des événements, un pressentiment des choses futures. Dans l'unité vivante du monde, chaque phénomène est lié à tous les autres; il est contenu en eux, et, à son tour, il les contient; il en est le signe, il en est le symbole, parce que, d'abord, il en est une partie intégrante. Par conséquent, il n'y a rien de puéril à croire que le vol d'une corneille, que la naissance d'un monstre, que l'apparition d'une comète puisse être liée aux événements humains, aux faits sociaux, et nous renseigner sur leur issue. Sans doute, les rapports qui unissent au gain ou à la perte d'une bataille la palpitation des entrailles d'une victime sont des rapports contingents et lointains, que la pensée du philosophe n'est pas capable de saisir dans une intuition rationnelle. Mais qu'importe ! Il est d'autres hommes en qui domine, à la place de la raison abstraite, une sorte de lucidité instinctive, grâce à laquelle ils saisissent les relations les plus éloignées et les plus contingentes. Ce sont des âmes particulièrement délicates, à qui se révèle, dans une intuition inconsciente, ce qui demeure obscur pour toutes les autres. Elles démêlent dans les faits en apparence les plus secondaires, dans le caprice d'un poulet qui refuse la nourriture, le lien mystérieux mais réel qui, au sein du déterminisme universel, rattache ces faits méprisables aux événements les plus décisifs, à la mort d'un grand homme, à l'issue fatale d'une guerre, et elles peuvent ainsi diriger plus sûrement l'humanité que ne font les sages ou les hommes d'État par les calculs de la pensée réfléchie.

Enfin, voici encore, pour ne nous arrêter qu'aux points les plus essentiels, un troisième caractère par lequel la religion romaine confine d'avance au stoïcisme : c'est qu'elle est une religion essentiellement sociale, et d'abord essentiellement laïque. Chose singulière ! Elle admet, plus peut-être que tout autre culte, un système savant de communications entre l'homme et la divinité; mais, en même temps, elle ne confie pas le ministère et le secret de ces communications à une classe sacerdotale. Les prêtres, à Rome, ce sont les magistrats. En même temps qu'ils exercent leurs charges dans l'État, ils sont pontifes ou augures; ils président aux cérémonies du culte, ou ils prennent les auspices. Ainsi, pas de clergé constitué, formant un ordre à part; les fonctions sacerdotales ne sont, pour ainsi dire, qu'une autre face des fonctions civiles. Le caractère de la piété romaine est en rapport étroit avec cette organisation du culte. Elle n'a rien de mystique; pour attacher l'homme à Dieu, elle ne le détache pas de la société dont il fait partie; elle ne consiste pas dans l'accomplissement d'un ordre spécial de devoirs se rapportant à une autre finalité que les devoirs sociaux. Loin de là; ce qui constitue essentiellement cette piété, c'est qu'elle sanctifie les devoirs civils; elle se considère elle-même comme un hommage que l'homme rend à Dieu en administrant bien la cité dont il fait partie, en y établissant, dans la mesure de ses forces, le règne de la raison et du droit. De là le caractère juridique du génie de Rome, qui fait résider le divin dans la justice sociale, et qui s'impose pour mission séculaire de fixer à jamais le droit dans des formules absolues. Par cette disposition de leur génie national, les Romains étaient encore disposés d'avance à admettre une philosophie qui allait considérer l'univers entier comme une cité parfaite, patrie commune des dieux et des hommes, éternellement soumise aux lois d'une justice et d'une raison souveraines.

C'étaient les stoïciens qui apportaient cette doctrine. Ils commencèrent par la présenter sous une forme un peu matérielle et grossière. La cité universelle, la cité de Jupiter, c'était d'abord pour eux la cohésion physique du monde. Ils se représentaient l'univers comme le système que forment les éléments superposés, occupant chacun la place que lui assigne la nécessité, entretenant chacun certaines formes de la vie, et dominés tous par le feu éthéré dont la nature, plus subtile et plus pure, nourrit les âmes divines des astres. Mais dans cette conception matérialiste était contenue en germe une théorie plus raffinée, celle du cosmopolitisme universel. L'homme est le citoyen du monde. C'est-à-dire, d'abord, qu'il doit se considérer comme uni par des liens étroits à l'univers tout entier et à la divinité qui le pénètre et qui le gouverne; déjà, à ce titre, il ne lui est pas permis de préférer son bien particulier au bien de l'ensemble; persuadé que tout est régi pour le mieux par une sagesse infinie, il doit incliner sa raison bornée devant la raison universelle, « se vaincre plutôt que la fortune, et changer ses désirs plutôt que l'ordre du monde. » Mais ensuite, dans la société des hommes, auxquels il est surtout uni, il ne doit pas se choisir une cité particulière, et borner son horizon aux murs de cette cité; sa nature est plus grande, sa destinée est plus large; il doit égaler son esprit et son cœur à l'étendue même de l'humanité, et embrasser dans son amour l'universalité du genre humain. Pour cela, il faut que les cités particulières se fondent toutes dans une cité universelle, qui exercera son empire au nom de la justice et de la raison. C'est la mission du peuple romain de constituer cette cité commune à tous; aussi, est-ce seulement à Rome que le stoïcisme a pu revêtir enfin son caractère de philosophie essentiellement sociale, dont le but est de réaliser, dans l'idée d'un État soumis à la raison et au droit, l'unité de l'homme et de Dieu.

III. — LE STOÏCISME ET LA RELIGION DE CICÉRON.

Tels sont les rapports essentiels et vraiment profonds du stoïcisme avec la religion de Rome. On comprend par là le mouvement rationaliste qui agitait les esprits au temps de Cicéron, et dont l'origine doit même être cherchée plus loin; car il remonte à l'époque où Ennius avait traduit l'*Histoire sacrée* d'Évhémère. Les hommes éminents qui ne pouvaient accepter à la lettre tant de croyances superstitieuses dont la religion populaire était remplie se tournaient naturellement vers le stoïcisme, et c'est à cette philosophie qu'ils empruntaient les éléments de réforme avec lesquels ils se formaient ensuite, chacun d'après la nature de son esprit, une religion personnelle.

C'est ce que fit également Cicéron. En méditant, à diverses époques de sa vie, sur les principaux points de la doctrine stoïcienne, il se créa peu à peu, non sans un certain nombre de changements et de fluctuations, une religion à lui; religion purement philosophique d'ailleurs, au sujet de laquelle M. Gaston Boissier a très bien établi qu'elle s'arrêtait à son esprit, et qu'elle ne pénétra jamais dans son cœur.

En effet, les préoccupations religieuses ne tiennent aucune place dans la correspondance de Cicéron, c'est-à-dire, dans la partie de son œuvre où nous sommes en présence de l'homme lui-même, et pouvons le suivre à travers tous les événements et toutes les épreuves de sa vie : « Dans ce millier de lettres, écrites à des personnages si divers et pour des occasions si variées, il n'arrive jamais à Cicéron d'aborder, même en passant, les questions que, dans ses écrits, il avait proclamées les plus importantes de toutes, et qui devaient être, selon lui, la principale occupation d'un esprit sensé. Il a vu périr sa fille qu'il adorait, il a presque assisté à la ruine de son pays; jamais, en ces tristes moments, une idée religieuse n'a traversé son esprit, jamais il n'a cherché à oublier les amertumes de la vie présente par les perspectives de la vie future. Quand la fin approche, il n'a pas d'autres consolations à offrir, à lui ou aux autres, que celles des épicuriens, qu'il a si vivement combattus. » — « Heureux, dit-il, nous devons mépriser la mort; » malheureux, il nous la faut souhaiter, car il ne reste plus aucun » sentiment après elle. » — « Ces nobles espérances d'immortalité, dont il a rempli ses ouvrages, ne lui reviennent jamais à la pensée dans ses malheurs ou dans ses périls. Il semble ne les avoir exprimées que pour le public, et n'en fait pas d'usage lui-même; elles sont restées dans ses livres, et ne paraissent pas avoir pénétré dans sa vie. »

Mais peu importe. Quelle qu'ait pu être, dans la vie privée, son indifférence religieuse, Cicéron, comme philosophe, n'en a pas moins un ensemble de vues sur Dieu, sur la vie future, sur la Providence. Or, ces vues, c'est au stoïcisme qu'il les a empruntées, en faisant un choix libre et raisonné parmi les doctrines de cette école, et surtout parmi celles qui confinaient aux croyances de la religion nationale.

Nous pouvons donc nous demander, en nous appuyant sur le IIe livre du *de Natura deorum*, et en le rapprochant des autres écrits philosophiques de Cicéron, sur quels points la religion personnelle du grand orateur se sépare de la religion du stoïcisme, et sur quels points aussi elle n'en est qu'un développement réfléchi et original.

Et d'abord, quelle a été la pensée de Cicéron sur l'unité divine?

Nous savons que les stoïciens avaient résolu cette question dans un sens panthéistique. Pour eux, la divinité, c'était le monde; mais l'énergie divine, partout diffuse, se concentrait surtout dans les astres; elle se manifestait aussi dans l'âme des sages et des hommes supérieurs.

Sur ce point, Cicéron partagea à peu près le sentiment des stoïciens, réserve faite, ainsi que nous le verrons un peu plus loin, de la croyance à la divinité des astres.

Comme les stoïciens, il crut à l'unité de la substance divine, et, en même temps, à la manifestation de cette substance à travers différents degrés de l'être.

C'est ainsi qu'il s'appropria, dans le *de Legibus*, une division des dieux, qui se trouvait déjà dans Varron. Il en admit trois catégories : 1º Ceux qui ont un caractère éternel : *Qui cælestes semper habentur.* 2º Les hommes divinisés, d'après le système d'Evhémère : *Quos endo cælo merita locaverunt.* 3º Les mérites et les vertus : *Illa propter quæ datur homini adscensus in cælum.*

On voit cependant que, sur cette première question, il existe entre la pensée des stoïciens et celle de Cicéron, une différence assez notable; cette différence est précisément celle qui sépare le théisme et le panthéisme. Ce que les stoïciens divinisent, ce sont surtout les puissances de la nature, et, comme il n'y a pas de moralité dans la nature proprement dite, ils sont exposés à mettre indistinctement au nombre des dieux les forces utiles et les énergies malfaisantes. Cicéron, au contraire, a soin de ne diviniser que des forces morales; le divin, pour lui comme pour Platon, ne peut se rencontrer que là où se rencontre d'abord le bien.

Tel est, par exemple, le sens de cette page du *de Legibus.*

« Il est bon que l'homme élève des temples à la Raison, à la Piété, au Courage, à la Bonne foi; ainsi, Rome leur a consacré des sanctuaires, afin que ceux qui les possèdent (et tout homme de bien les possède) croient que leur âme est habitée par les dieux. Ce qui est mauvais, c'est ce qu'on fit à Athènes, quand après l'expiation du crime de Cylon, sur le conseil d'Épiménide de Crète, on éleva des temples à l'Affront et à l'Impudence. *Ce sont les vertus qu'il faut consacrer, non pas les vices.* Un autel antique est consacré, sur le mont Palatin, à la Fièvre; un autre, sur l'Esquilin, à la Fortune mauvaise et maudite. Tous les monuments pareils doivent être proscrits. S'il faut inventer des noms de divinités, qu'on en choisisse qui expriment la Victoire et la Conquête, comme *Vicepota;* ou l'Immortalité, comme *Stata;* ou bien qu'on prenne des surnoms, tels que ceux de *Jupiter stator* ou de *Jupiter invictus;* ou bien, enfin, que ce soient des noms de choses désirables, comme le Salut, le Secours ou l'Honneur. »

Sur la question des rapports de Dieu avec l'homme et spécialement sur celle de la divination, l'attitude de Cicéron, ainsi que nous avons pu déjà nous en convaincre, a été très indécise et très flottante. Après avoir fait, dans le *de Natura deorum*, un éloge ardent, et qui paraît sincère, de la divination considérée comme un don des dieux, il l'a, au contraire, dans le *de Divinatione*, présentée comme un tissu de préjugés, de sottises et de mensonges. Ainsi, on peut dire que, sur ce second point, il a fini par se séparer nettement non pas de tous les stoïciens (puisque quelques-uns se prononçaient contre la science divinatoire), mais au moins des orthodoxes, tels que Chrysippe et même Posidonius. Toutefois, il est certain aussi qu'en rejetant la divination comme théorie philosophique de la communication entre Dieu et l'homme, Cicéron l'a toujours maintenue et même respectée comme institution fondamentale de la religion et de la politique romaines, et, sur ce point encore, c'est le *de Legibus* qui nous donne la véritable mesure de sa pensée.

On voit, par ce dialogue, que la divination est tout à la fois, pour lui, une tradition des ancêtres et une chose souverainement utile à la bonne direction des affaires publiques; ce n'est pas comme homme religieux, mais comme homme d'État, qu'il recommande de la conserver, et ce qu'il admire le plus en elle, c'est le privilège qu'elle confère aux augures d'arrêter par leur veto une mesure contraire aux intérêts de la société. « Quelle plus haute prérogative, s'écrie-t-il, que de pouvoir, malgré l'autorité des ordres et des magistratures qui les ont convoqués, dissoudre ou annuler les assemblées et les comices? Quoi de plus souverain que de suspendre de graves résolutions par ce seul mot : « A un »autre jour?» Quoi de plus magnifique que d'enjoindre aux consuls d'abdiquer? Quoi de plus auguste que le privilège d'accorder ou de refuser la permission de traiter avec le peuple, ou de faire abolir une loi si elle n'a pas été régulièrement proposée? »

Voici maintenant le point sur lequel on peut signaler entre la conception religieuse du stoïcisme et celle de Cicéron, non pas une identité parfaite, mais du moins une profonde analogie.

C'est cette idée qu'il y a une cité commune des dieux et des hommes; d'où il résulte que la religion est une forme supérieure de la société, et qu'en nous révélant la nature du lien qui nous unit aux dieux, elle resserre, elle affermit et elle protège les liens sociaux qui unissent tous les hommes les uns aux autres.

Seulement, les stoïciens, les premiers stoïciens surtout, dont la doctrine est toujours imprégnée de matérialisme, ne concevaient guère que sous une forme physique cette société qui nous unit aux dieux; dans leur système, c'était le monde, l'univers physique, qui était la cité commune des dieux et des hommes. La participation de l'homme à la vie divine, se réduisait, pour eux, à cet échange d'énergie qui rattache la vie consciente de l'homme à la vie inconsciente des choses, et la raison explicite qui se manifeste dans nos actions ou dans nos pensées à la raison implicite d'où dépendent l'ordre et la régularité mathématique des mouvements célestes.

Il est vrai que les néo-stoïciens et surtout Panétius avaient commencé à modifier cette doctrine en y introduisant un élément politique et juridique, en substituant la conception de l'ordre dans le monde moral à celle de l'ordre dans l'univers physique.

Mais c'est Cicéron qui, en sa qualité d'homme d'Etat et de jurisconsulte, s'empara vraiment de cette idée; et en ce sens on a raison d'attribuer à sa conception de la nature des dieux et de la Providence une certaine originalité.

C'est ici surtout que le II⁰, et, dans une large mesure aussi, le III⁰ livre du *de Natura deorum* nous aident à bien déterminer ce qu'il y a d'essentiel dans la pensée religieuse de Cicéron. Peu importe, en effet, que Cicéron n'intervienne pas directement dans le cours du dialogue; il n'en est pas moins vrai qu'en exposant soit les théories de Balbus, soit les critiques de Cotta, il nous laisse deviner sans trop de peine quel est, sur les questions agitées, son sentiment personnel.

Or, en lisant d'abord dans le II⁰ livre les idées exposées par Balbus sur la cité commune des dieux et des hommes, et surtout en les rapprochant d'idées tout à fait analogues exposées dans le I⁰ʳ livre du *de Legibus*, nous ne pouvons douter que cette brillante conception ait été acceptée par Cicéron avec enthousiasme.

« Le monde, dit Balbus, a été fait pour les dieux et les hommes... Il est la maison commune des dieux et des hommes, puisqu'ils sont les seuls êtres raisonnables, les seuls qui connaissent la justice et qui aient une loi. Ainsi, comme les villes d'Athènes et de Sparte ont été bâties pour les Athéniens et pour les Spartiates, et que tout ce qu'elles renferment est censé appartenir à ces peuples, de même on doit juger que tout ce qui est dans le monde appartient aux dieux et aux hommes. »

Mais d'autre part, quand nous voyons, au III⁰ livre, Cotta tourner en ridicule la divinité du ciel et des astres et surtout ce principe stoïcien que le monde est la meilleure des choses, nous comprenons que le lien de la société par laquelle les dieux et les hommes sont unis n'est plus, dans la pensée de Cicéron, cette raison toute physique que les stoïciens appelaient le feu éthéré, mais une raison toute morale dont les manifestations essentielles sont la loi et le droit.

Les hommes et les dieux sont les habitants d'une même cité! Cela signifie pour Cicéron qu'il y a une sphère idéale du droit et de la justice, et que les hommes se rapprochent d'autant plus de la divinité et méritent d'autant plus de lui être unis qu'ils s'efforcent davantage, dans cette vie terrestre, de pratiquer la justice et d'établir le règne du droit. De là résultent deux conséquences.

La première, c'est que la religion et le culte se confondent en dernière analyse avec l'administration des cités. Les hommes vraiment dignes d'être appelés religieux, ce sont les hommes d'Etat qui, passionnés pour le droit, gouvernent d'après les règles de la raison et de la justice les cités dont la gloire ou le bonheur ont été remis entre leurs mains.

« Le Dieu suprême qui gouverne l'immense univers, dit Scipion, au VIe livre de la *République*, ne trouve rien sur la terre qui soit plus agréable à ses yeux que ces réunions d'hommes assemblés sous la garantie des lois, auxquelles on donne le nom de cités. C'est du ciel que descendent ceux qui conduisent et gouvernent les nations, et c'est au ciel qu'ils retournent. »

La seconde conséquence est relative à la vie future. Dans la philosophie idéaliste de Platon, c'est en méditant sur le beau, sur le vrai et sur le bien, c'est en détachant son âme de la préoccupation des choses terrestres que l'homme se rend digne de vivre avec les dieux dans un monde meilleur. D'après Cicéron, c'est surtout l'exercice des fonctions publiques, dans un esprit de sagesse et de justice, qui prépare notre union avec les dieux.

« L'âme seule, dit encore Scipion, est éternelle. Exerce donc ton âme aux fonctions les plus excellentes. Or il n'en est pas de plus élevée que de veiller au salut de la patrie. L'âme accoutumée à ce noble exercice s'envole plus facilement vers sa demeure céleste; elle y est portée d'autant plus rapidement qu'elle se sera habituée davantage, dans la prison du corps, à prendre son élan, à contempler les objets sublimes, à s'affranchir de ses liens terrestres. »

IV. — ANALYSE DU *de Natura deorum*.

Après avoir expliqué ainsi les rapports du stoïcisme avec la religion romaine et ceux de la pensée personnelle de Cicéron avec le système religieux des stoïciens, nous pouvons suivre la double discussion que Cotta soutient, dans le *de Natura deorum*, contre l'épicurisme et contre le stoïcisme.

Premier livre. — Après un court préambule où Cicéron, s'adressant à Brutus, rappelle que toute la direction de la vie humaine dépend de la solution qu'on donne au problème de la nature des dieux, le Ier livre est consacré à l'exposition et à la réfutation de l'épicurisme.

C'est Velleius qui expose la thèse épicurienne; il le fait « avec le ton de confiance qui n'abandonne jamais les philosophes de sa secte; » il se moque de cette *vieille devineresse* que les stoïciens appellent la Providence; il tourne aussi en ridicule la conception platonicienne du Démiurge et reproche à Platon de s'être contredit lui-même en soutenant tout ensemble que le monde est éternel et qu'il a été créé dans le temps par le divin Ouvrier; il déclare inintelligible cette création dans le temps; car comment comprendre que Dieu ait laissé passer une éternité avant de mettre la main à l'œuvre? mais surtout, à Platon comme aux stoïciens il reproche la conception bizarre qu'ils se font des dieux en se les représentant comme des êtres à forme ronde, éternellement emportés dans un mouvement dont la vitesse déroute l'imagination.

Ce ne sont pas seulement les platoniciens et les stoïciens qui émettent à propos de la divinité des opinions extravagantes. Toutes les écoles de philosophie n'ont fait que déraisonner sur ce sujet. Thalès de Milet et Anaximène divinisent l'eau ou l'air; Anaximandre croit que les dieux sont mortels et qu'ils se succèdent à travers l'infini des âges; Anaxagore fait de la divinité une sorte d'animal dont le corps est ce que nous appelons le monde. Non moins folle est la théorie de Pythagore, pour qui la divinité est une âme universelle dont les âmes humaines se détachent tour à tour; ainsi il condamne Dieu au morcellement et à la souffrance. Xénophane divise l'infini en parties; Empédocle le compose de quatre éléments; Parménide se le représente sous la forme d'une couronne lumineuse qui enveloppe le ciel. Aristote se jette, comme Platon, dans des contradictions sans nombre; il identifie tour à tour Dieu avec l'intelligence, avec le monde, avec le premier ciel. Toutefois, c'est encore chez les stoïciens que se rencontrent les théories les plus contradictoires.

Pour Zénon, Dieu est à la fois l'éther, la loi naturelle, la raison éparse dans tous les êtres de la nature. Cléanthe identifie également Dieu avec les astres et avec la raison. Chrysippe, exagérant encore les rêveries des stoïciens, donne à Dieu tant de noms et le confond avec tant de choses que notre imagination ne réussit plus à s'en faire une idée quelque peu distincte : Dieu est tout ensemble pour lui le feu éthéré, l'intelligence infinie, l'âme du monde, le destin, la nécessité, la force qui anime et qui régit toutes choses.

A ces songes des philosophes il faut ajouter les folies des poètes, qui ont prêté aux dieux les passions et les crimes des hommes, et ont raconté non seulement leur naissance et leur mort, leurs dissensions, leurs haines, leurs combats, leurs voluptés et leurs douleurs, mais encore leurs impudicités et leurs adultères.

Epicure seul a su penser d'une manière raisonnable sur les dieux, et, à ce titre, on est en droit de le considérer lui-même comme un dieu. Il a su découvrir, en approfondissant les notions innées dans notre esprit, que les dieux sont immortels et souverainement heureux; qu'aucun trouble, aucune passion ne les agite; qu'ils ont nécessairement la forme humaine, puisque cette forme est la plus belle de toutes, mais qu'il ne faut pas pour cela leur attribuer des corps matériels; ils sont mis en rapport avec nous non par une communication physique, mais par des *prénotions*, par des empreintes gravées à l'avance dans nos esprits.

Le Dieu des stoïciens est accablé de travail, puisqu'il est livré à un mouvement et à un effort continuels et qu'il tourne sans relâche autour de l'axe du ciel. Le Dieu d'Epicure jouit d'une parfaite tranquillité et ne se mêle de rien ; il n'a pas eu la peine de créer le monde, car le monde s'est formé lui-même par la combinaison fortuite des atomes.

En même temps qu'il purifie l'idée de la divinité, Epicure affranchit la vie humaine des terreurs superstitieuses et des présages ; il enseigne à ne pas craindre les dieux, puisque les dieux n'inquiètent personne ; mais, au contraire, à les honorer pieusement et saintement, comme des êtres excellents et parfaits.

— A la suite de cette exposition, Cotta prend la parole « avec sa politesse ordinaire » et oppose à Velleius quelques objections décisives.

Les épicuriens, qui reprochent aux autres philosophes leurs contradictions, tombent eux-mêmes dans une contradiction formelle ; car, après avoir dit que les dieux sont composés d'atomes, ils ajoutent qu'ils sont éternels, sans s'apercevoir que toute combinaison d'atomes est nécessairement soumise à la dissolution. Epicure, il est vrai, a quelquefois le sentiment de cette absurdité, mais il n'y échappe que par une absurdité plus grande encore, quand il déclare que les dieux ont *non pas un corps et du sang, mais comme un corps et comme du sang :* formule qui rappelle l'obscurité légendaire d'Héraclite.

Les épicuriens veulent ensuite que les dieux aient la forme humaine ; mais, à ce sujet, on peut les enfermer dans un dilemme. Ou bien, en effet, ils attribuent à tous les dieux la perfection absolue de cette forme humaine, et alors ils sacrifient la pluralité des dieux ; ou bien ils sont contraints de reconnaître que, pour se distinguer les uns des autres par une physionomie propre, ces dieux, quelques-uns du moins, doivent dévier de l'idéal humain et avoir des imperfections ou des laideurs, comme, par exemple, des oreilles pendantes ou une grosse tête.

N'est-il pas absurde, en outre, d'attribuer aux dieux des organes qui ne leur peuvent servir, puisque Epicure les conçoit comme éternellement inactifs ? Pourquoi auraient-ils des pieds, puisqu'ils ne marchent pas ? des mains, puisqu'ils ne touchent rien ? une langue, puisqu'ils ne parlent jamais ?

La raison pour laquelle les épicuriens conçoivent leurs dieux sous la forme humaine se réfute aisément. C'est, disent-ils, que les dieux doivent posséder la raison, la vérité, le bonheur ; or, nous n'avons jamais rencontré ces choses séparées de la forme humaine. Mais rien ne prouve qu'elles ne puissent exister également chez d'autres êtres, dans les astres par exemple. Ce mode puéril de raisonnement vient de l'erreur capitale des épicuriens en logique.

Ils ont placé à tort dans les sens l'unique critérium de la certitude. Or, combien de choses sont certaines que nous n'avons jamais ni vues ni touchées !

Ce qui le prouve bien, d'ailleurs, c'est la contradiction dans laquelle tombent, sur ce point, les épicuriens, quand ils nous expliquent les raisons qui les poussent à croire aux dieux. La principale, c'est qu'il y a en nous des images qui nous représentent les dieux et qui ne peuvent avoir leur principe dans les impressions des sens. Ceci, on le voit, se rapporte à la théorie des φαντασίαι εἰδώλων, que les épicuriens avaient ajoutée à la doctrine de Démocrite et qui représentait pour eux une sorte d'innéité. Cotta n'a pas de peine à montrer qu'il y a en nous beaucoup d'images qui ne correspondent à aucun objet réel ; ces images sont le produit de notre faculté de combinaison qui, après avoir dissocié les éléments de nos impressions sensibles, les rapproche ensuite et les arrange à son gré.

Combien ces motifs de croire à l'existence des dieux sont misérables, si on les compare à ceux que nous présentent les autres doctrines ! Les vrais philosophes croient à la divinité ou bien parce qu'ils admirent l'ordre et l'harmonie de l'univers, ou bien parce qu'ils ont le sentiment d'une bonté suprême dont tout émane. Mais Epicure ne croit ni à la finalité du monde, ni à la bonté des dieux. On assure néanmoins qu'il a écrit un livre sur la piété et sur la sainteté. C'est de sa part une absurdité de plus, puisque l'idée qu'il se fait des dieux exclut ces deux sentiments : « Pour que nous eussions le devoir de rendre un culte à la divinité, il faudrait que nous eussions reçu d'elle des bienfaits et des grâces. La piété est une justice que les hommes rendent aux dieux : or, si les dieux sont éternellement inactifs, qu'ont-ils le droit d'exiger de nous ? La sainteté est la science des obligations que nous avons envers la divinité : or, que devons-nous aux dieux d'Epicure, qui n'ont jamais rien fait pour notre bonheur ? »

La croyance d'Epicure à la divinité n'est qu'un mensonge. Il a voulu, en la professant, se dérober à l'indignation publique. Il s'est représenté les dieux sous une forme bizarre, à laquelle il ne pouvait croire réellement ; c'est donc qu'il voulait conserver le mot en supprimant la réalité.

II⁰ livre. — Le II⁰ livre est consacré à l'exposition de la théodicée stoïcienne. Nous n'en suivrons pas en détail tous les développements, résumés plus loin dans des arguments analytiques ; il suffira ici de mettre en relief les points essentiels.

Balbus déclare d'abord qu'il y a des dieux. Mais leur existence n'a pas besoin de démonstration. Il suffit à l'homme d'élever ses yeux vers le brillant spectacle du ciel pour trouver partout les marques d'une intelligence divine. Si, d'ailleurs, la croyance à la divinité ne reposait point sur une base naturelle, on la verrait

s'affaiblir graduellement, comme tout ce qui est fiction et mensonge, au lieu de prendre d'années en années des forces nouvelles:
« Le temps détruit ce qui ne repose que sur l'opinion ; il affermit
de plus en plus les jugements fondés sur la nature. »

Veut-on néanmoins recourir à une argumentation, on trouve
d'abord des preuves historiques. Les traditions nationales, les
récits des annalistes démontrent que Rome, souvent mise en péril
par ceux de ses généraux qui méprisaient la religion, doit, au contraire, sa grandeur à ceux qui ont respecté les dieux.

D'autre part, des preuves métaphysiques ont été développées
par les maîtres de la philosophie stoïcienne.

Chrysippe, par exemple, montre que, s'il y a dans l'univers des
choses que l'homme n'est pas capable de faire par sa raison ou par
sa puissance, c'est qu'il existe en dehors de lui une puissance souveraine et une raison parfaite. Et de là il faut conclure que l'entendement dont l'homme est doué, il le puise à la source de cette
raison universelle que nous appelons Dieu. L'homme tient à la
terre par les éléments périssables de son être physique ; mais sa
raison et toutes les facultés qui s'y rattachent, il ne peut les avoir
empruntées qu'à une nature supérieure, qui est la divinité.

Zénon, de son côté, établit que la divinité existe ; car le monde,
qui est la meilleure des choses, possède nécessairement les attributs qui font de lui un dieu ; il concentre en lui, à un degré éminent, la vie, le sentiment et la raison.

Ces preuves métaphysiques, le stoïcisme les a complétées par
des raisons physiques que Balbus énumère à leur tour. Il faut dans
tout ensemble une partie dirigeante, *hégémonique.* Dans l'univers, cette partie dirigeante, ce principe hégémonique, c'est la
chaleur, c'est le feu. Mais ce feu qui pénètre en toutes choses, qui
ordonne et anime le monde tout entier, est nécessairement lui-
même une force et une âme ; il réside surtout dans la partie supérieure de l'univers ; il se concentre dans les astres, qui sont des
animaux divins, dont la divinité se manifeste par l'harmonieuse
perfection des mouvements qu'ils se donnent à eux-mêmes.

Les raisons qui prouvent l'existence des dieux permettent en
même temps de déterminer leur nature.

Il est vrai que cette détermination présente de grandes difficul-
tés. Pour l'entreprendre, il faut détacher son esprit des apparences
et des illusions des sens. C'est ce que le vulgaire est incapable de
faire, ainsi que les philosophes qui mettent leur gloire à lui ressembler et qui font parade de leur ignorance. Tels les épicuriens.
Ils méconnaissent la divinité du monde et des astres parce qu'ils
affectent d'ignorer que la forme ronde est la plus belle et la plus
rationnelle de toutes. Et cependant, quelle forme plus admirable
que celle qui ne présente aucune aspérité, rien d'inégal, rien de
raboteux, rien qui offense les sens? C'est elle qui se retrouve dans
la figure sphérique et dans le mouvement circulaire des astres, et

l'on peut dire qu'elle est divine, car, seule, elle exprime d'une manière symbolique la perfection de l'essence.

Rien de plus merveilleux, rien de plus varié à la fois et de plus un que les révolutions des astres. Le soleil et les saisons, la lune et ses phases, les mouvements alternés et rythmiques des planètes, le cycle de la grande année, la régularité du cours circulaire des étoiles fixes, dont l'uniformité même atteste la volonté et la raison, tout démontre qu'une intelligence suprême réside dans le ciel : « Rien dans les astres ne marche au hasard et sans dessein; il n'y a nul changement arbitraire, nulle apparence trompeuse ; tout y est ordre, vérité, raison, constance. Au contraire, rien de régulier, rien d'uniforme dans les corps qui sont au-dessous de la lune ou qui s'agitent à la surface même de la terre. Il faudrait donc être dépourvu de raison pour refuser la divinité à ces corps célestes qui, pleins eux-mêmes de beauté et d'harmonie, sont les principes de la beauté et de l'ordre qui éclatent dans les autres régions de l'univers. » Ainsi, voilà de véritables dieux, qui ne sont pas oisifs, comme ceux d'Epicure, et réduits à de simples ébauches.

Mais, en dehors des astres, combien d'autres divinités encore ! Parmi les biens physiques, le blé et le vin; parmi les biens moraux, la foi, l'intelligence, la concorde, la liberté, la victoire; ne sont-ce pas là de vraies divinités ? Et de même, c'est à juste titre qu'on a déifié les grands hommes; un esprit supérieur vit en eux et leur inspire les bienfaits qu'ils répandent sur leurs semblables.

L'activité divine éparse en toutes choses est donc le commun objet des différentes formes du culte : « Une même divinité est répandue dans le sein de la terre sous le nom de Cérès, dans les profondeurs des mers sous le nom de Neptune, ailleurs sous d'autres noms. De quelque manière que ces dieux nous soient représentés, nous leur devons un culte plein de respect; culte très bon, très saint, qui exige beaucoup d'innocence et de piété, une inviolable pureté de cœur et de bouche, et qui n'a rien de commun avec la superstition, dont nos pères, aussi bien que les philosophes, ont entièrement séparé la religion. »

De la nature des dieux découle également leur providence.

Elle se démontre par trois raisons.

La première est essentiellement métaphysique : elle consiste à faire voir que, si la divinité est la meilleure des choses, il faut bien qu'elle gouverne l'univers. Si elle ne le faisait pas, ce serait ou une nature inanimée ou une nécessité aveugle qui nous donnerait le magnifique spectacle de l'univers ; la divinité serait donc inférieure à cette nécessité ou à cette nature. Supposons que les dieux ne veillent pas sur l'ordre de l'univers, on est obligé de dire que c'est par ignorance ou par faiblesse ; c'est-à-dire parce qu'ils ne savent pas ce qu'est le bien ou parce qu'ils n'ont pas la force

de le réaliser; or, ces deux suppositions sont également inju-
rieuses et absurdes.

La seconde preuve de la Providence tient à ce qu'il y a de plus
intime dans la conception philosophique des stoïciens. Elle consiste à expliquer que la nature n'est pas, comme se le figurent les
épicuriens, « une simple force aveugle, qui excite dans les corps
des mouvements nécessaires; » elle ne se réduit pas aux atomes,
au vide et à leurs accidents. « C'est une force intelligente, qui se
propose une fin, qui suit une méthode. » — « C'est un feu artiste qui
procède méthodiquement à la génération. » Tous ses ouvrages
marquent une adresse que l'art le plus ingénieux, que la main la
plus habile ne saurait imiter. C'est la raison universelle d'où sor-
tent les raisons séminales de tous les êtres, c'est-à-dire les principes de vie, de croissance et d'ordre, qui président à l'évolution
de ces êtres et qui les poussent à se développer chacun d'après la
loi et dans les limites de son espèce. La nature est ainsi la cause infatigable de la conservation et de l'harmonie des choses ; elle
maintient entre elles les rapports nécessaires ; elle les fait toutes
servir au bien général de l'univers. Elle est l'universelle *sympathie;* et voilà ce que les stoïciens entendent quand ils l'appellent
natura sentiens : c'est que tout retentit dans tout; c'est que chaque
partie sent d'une certaine manière ce qui se passe dans les autres;
il y a une vie commune éparse dans l'immensité de l'univers,
chaîne tendue d'un bout à l'autre du monde et qui fait vibrer tous
les êtres à l'unisson.

La nature est ainsi un tout vivant, dont les diverses parties sont
liées les unes aux autres, et mutuellement dépendantes. La plante
est liée au sol d'où elle tire sa nourriture; mais, à son tour, la
terre est liée aux éléments supérieurs, à l'eau et à l'air; elle leur
emprunte une partie de sa substance, en même temps que, par
ses exhalaisons et ses vapeurs, elle entretient le feu éthéré dans
lequel vivent et se meuvent les astres; l'air nourrit les animaux,
comme la terre nourrit les plantes; c'est par leur sympathie avec
l'air que les sens peuvent s'exercer, que les yeux peuvent voir,
que les oreilles peuvent entendre; il y a entre tous les éléments
de l'univers un perpétuel échange d'énergie, une infatigable circulation de matière.

De là il résulte que l'activité de la nature est un gouvernement
rationnel, une sage administration, qui assigne à chaque être sa
place et son rôle; la nature est une habile ouvrière qui fait tout
pour le mieux, et tire le meilleur parti possible des éléments
qui sont à sa disposition.

Enfin, la Providence se démontre encore par les splendeurs de
la nature et la merveilleuse adaptation des moyens aux fins. Balbus développe magnifiquement, à ce sujet, le tableau des beautés
et des harmonies de la terre et de la mer. Il décrit, d'après le
poème d'Aratus, que Cicéron lui-même avait traduit dans sa jeu-

ñesse, l'admirable distribution des constellations du ciel. Puis, passant des choses célestes aux choses terrestres, il montre tout ce qu'il y a de providentiel dans les instincts des animaux, dans la diversité des moyens qu'ils emploient pour se nourrir, pour se défendre, pour élever leur progéniture, pour se guérir eux-mêmes de leurs blessures et de leurs maladies.

Mais, quels sont les êtres en vue desquels a été fait ce monde si brillant et si parfait? Ce ne sont pas les plantes; car elles ne possèdent même pas le sentiment. Ce ne sont pas non plus les animaux; car, d'abord, ils ne profitent qu'indirectement, et comme par larcin, des bienfaits de la nature; et, d'ailleurs, ils sont destinés eux-mêmes aux usages de l'homme.

Le monde a été fait pour les animaux raisonnables, c'est-à-dire pour les hommes et pour les dieux.

L'homme est évidemment l'objet d'un dessein providentiel. On en trouve la preuve dans la complication savante de sa structure organique, dans les merveilles de corrélation que présentent chez lui l'appareil de la nutrition et celui de la respiration.

La nature a comblé l'homme de faveurs : elle lui a donné la stature droite; elle a doué ses sens de propriétés et d'aptitudes merveilleuses; elle en a séparé, localisé, soigneusement protégé les organes; elle a enfin mis en eux une finesse extraordinaire qui ne se retrouve point chez les bêtes, et à laquelle nous sommes redevables de nos jouissances artistiques.

Si après l'être physique nous considérons l'être moral, nous trouvons dans l'esprit de l'homme, dans sa raison, dans sa prudence, dans sa faculté oratoire, dans l'habileté de ses mains, source du travail et de l'industrie, autant de preuves distinctes d'une providence divine. Grâce à toutes ces causes de supériorité, l'homme dompte les animaux. il en fait ses serviteurs, il plie à son usage leurs aptitudes et leurs instincts. Il conquiert aussi l'univers entier, l'exploitant comme sa demeure; il tire parti des plaines et des montagnes, des lacs et des rivières. Enfin, il élève ses regards jusqu'au ciel, et trouve dans l'observation des astres un puissant secours pour la navigation et le commerce.

Le monde est la cité commune des dieux et des hommes; unis par la raison, comme par un lien de famille, à la divinité, nous restons en rapport et en communication avec elle. Par la divination, les dieux nous permettent d'interpréter les événements naturels et d'en tirer les indications les plus précieuses, soit pour notre conduite individuelle, soit pour le gouvernement des États.

La providence des dieux ne s'applique pas seulement à l'homme en général; elle se concentre sur les diverses cités; bien plus, sans pénétrer jusqu'aux menus détails, indignes de la divinité, elle se fait sentir aux individus eux-mêmes; nous voyons, par les récits des poètes, que tous les grands hommes ont eu une divinité protectrice et qu'ils lui sont redevables des grandes choses qu'ils ont faites.

Telle est, du moins, sur ces questions, la doctrine des stoïciens; il appartient à Cotta, s'il veut bien se rappeler qu'il est pontife, d'en comprendre la grandeur et de s'y rallier, en renonçant au parti pris de discuter contre les dieux.

IIIᵉ livre. — Dans le IIIᵉ livre, Cotta prend la parole pour faire la critique du système stoïcien, comme il a fait plus haut celle du système d'Épicure. Mais le stoïcisme est traité avec plus d'honneur, et Cotta, en discutant contre Balbus, semble moins le réfuter que lui demander des éclaircissements.

Relevant d'abord le conseil qui vient de lui être donné, Cotta déclare que, comme pontife, il est décidé à s'en tenir aux croyances de la religion nationale. « En matière de religion, dit-il, je me rends à ce qu'enseignent nos grands pontifes, Coruncanius, Scipion, Scévola, non pas aux sentiments de Zénon, de Chrysippe ou de Cléanthe; et je préfère ce qu'en a dit C. Lélius, un de nos augures et de nos sages, à tout ce que voudraient m'en apprendre les plus grands stoïciens. » Ainsi, comme pontife, il croit à la divination; il accepte l'interprétation des présages, telle qu'elle a été donnée par les sibylles ou par les haruspices; mais, comme philosophe, il ne veut rien admettre sans preuves. Or, Balbus, en exposant la doctrine stoïcienne, n'a rien prouvé.

Il n'a pas prouvé d'abord l'existence même des dieux. « Sans doute, dit-il, l'existence de la divinité ne peut être contestée que par le dernier des impies; mais cette vérité, que jamais on ne m'arrachera de l'âme, c'est sur la foi de mes ancêtres que j'y crois, et non sur les preuves que vous m'en apportez. Ces arguments, en effet, sont tellement faibles, qu'ils aboutissent, en dernière analyse, à rendre douteux un sentiment qui, par lui-même, ne l'est pas. »

Les stoïciens invoquent le consentement universel. C'est de leur part une contradiction; car il est absurde de professer que les hommes sont fous, et de leur faire décider un si grave problème.

Le spectacle du ciel ne démontre pas davantage que la divinité existe; car il est insensé de regarder les astres comme des dieux, quand il n'est pas même certain qu'ils soient des animaux. Les prodiges, tels que l'apparition des Tyndarides, ne sont que des contes de vieilles femmes; et quant aux quatre causes par lesquelles Cléanthe explique l'idée que nous avons de la divinité, aucune d'elles n'est sérieuse.

Si, d'ailleurs, quelque chose peut rendre plus douteuse encore, aux yeux d'un philosophe, l'existence des dieux, ce sont les explications mêmes que les stoïciens donnent sur leur nature.

Le dieu suprême, c'est pour eux le monde. Ils soutiennent que le monde est la meilleure des choses, et ils s'appuient sur cette

affirmation *a priori* pour attribuer déductivement au monde tous
les caractères qui font la grandeur de l'homme. « Le monde,
disent-ils, est ce qu'il y a de meilleur; donc il pense, donc il rai-
sonne, donc il est dieu. » Mais, pour que ces conclusions fussent
valables, il faudrait qu'on eût commencé par expliquer dans quel
sens il convient d'entendre cette expression : la meilleure des
choses. Le monde est meilleur que l'homme comme cause naturelle; il est plus grand, il est plus fort, cela est évident. Mais est-il
meilleur comme cause intelligente? Les stoïciens ne le démontrent
pas. Sans doute, il y aurait arrogance de notre part à nous croire
plus grands, plus forts, plus puissants que le monde; mais il n'y
en a aucune à comprendre que nous avons le sentiment et la raison, tandis qu'Orion et la Canicule ne les possèdent à aucun degré.

Les stoïciens admettent ensuite la divinité des astres. Mais de
quoi la concluent-ils? De la régularité des mouvements célestes.
Or, les choses les plus indifférentes et les plus dangereuses peuvent
avoir des mouvements réguliers: il y a un rythme du flux et du
reflux de la mer; il y a un rythme de la fièvre tierce et de la fièvre
quarte.

A ces objections s'ajoutent encore les critiques que Carnéade a
formulées dans sa polémique contre les stoïciens.

Ni le monde ni les astres ne peuvent être des dieux; car il n'y
a pas de corps éternel, puisqu'il n'y en a pas d'indissoluble. Veut-
on soutenir que ce sont des animaux? Cela prouve mieux encore
qu'ils ne peuvent être immortels; car tout animal est soumis à la
nécessité de subir les impressions des corps étrangers, et, par conséquent, de souffrir; mais la souffrance est un acheminement vers la
mort; tout animal est donc destiné à mourir. Pour une autre raison encore, le monde et les astres ne peuvent être des dieux : c'est
qu'ils ne sont ornés d'aucune vertu; on ne peut leur attribuer ni
la prudence, ni la justice, ni la tempérance.

Quand on considère la folie de ces spéculations stoïciennes sur
la nature des dieux, on cesse de prendre en pitié le vulgaire ignorant et les superstitions les plus puériles des peuples qui ont
adoré des animaux.

Les stoïciens sont condamnés, en outre, par les principes
mêmes de leur doctrine soit à multiplier outre mesure le nombre
des dieux, soit à admettre les plus folles superstitions populaires:
ainsi, ils ont divinisé la fièvre, qui a un temple sur le mont Palatin, la mauvaise fortune, qui est adorée sur l'Esquilin.

Après cette réfutation, Cotta passe à l'examen critique des
théories stoïciennes sur la Providence. Malheureusement une vaste
lacune nous enlève la majeure partie de cette discussion. Il ne
nous reste rien de tout ce que Cotta devait répondre aux arguments stoïciens fondés sur la sympathie des éléments et sur l'ordre
de la nature. Nous ne pouvons combler que très imparfaitement
cette lacune, à l'aide de quelques indications du chapitre vii, où

nous voyons que Cotta se proposait de réfuter plus loin la preuve
de Cléanthe par les commodités de la vie et l'ordre invariable des
saisons, ainsi que l'argument de Chrysippe, fondé sur la nécessité
d'un être supérieur à l'homme, auquel on puisse rapporter tous
les biens naturels qui dépassent les forces humaines.

Après cette lacune, la discussion reprend au passage où Cotta
nie que les dieux veillent spécialement sur l'homme, et que leur
bienveillance à notre égard se manifeste surtout par le don qu'ils
nous ont fait de la raison.

Là se trouve développée une idée paradoxale que les poètes sa
tiriques, anciens ou modernes, ont souvent reprise : à savoir que
la raison est un don funeste et qui égare les hommes, tandis que
l'instinct est pour les animaux un guide infaillible.

C'est en abusant de l'intelligence, que Médée s'est livrée à ses
maléfices, ou que Thyeste a commis ses crimes épouvantables. Il
n'y a pas de débauche, il n'y a pas de forfait, dont le principe ne
soit dans quelque suggestion de l'intelligence. La malice humaine
n'est que la raison s'ingéniant à faire le mal.

Loin d'être les bienfaiteurs de l'humanité, les dieux imaginés
par les philosophes sont, au contraire, les seules causes de nos
malheurs, puisqu'ils nous ont accordé des dons, en sachant que
nous en ferions un mauvais usage. Ils ressemblent ainsi à un père
qui mettrait dans les mains de son enfant une arme dangereuse,
sachant à l'avance qu'il ne s'en servira que pour se blesser. Ce
n'est pas tout : si les dieux étaient bons, ils voudraient, ou que
tous les hommes fussent des gens de bien ou, au moins, que tous
les gens de bien fussent heureux. Or, nous trouvons partout le dé-
solant spectacle des succès et de la prospérité des méchants

Cotta, on le voit, ne soupçonne ici aucune des raisons qui
expliquent le mal et justifient la Providence. Il ne comprend pas
que le mal, physique ou moral, puisse avoir pour fins l'épreuve,
le développement de la personnalité humaine, la liberté, le mérite, la récompense. Il ne comprend pas davantage que l'ordre,
ainsi troublé avec la permission divine, soit, dans cette vie même,
partiellement rétabli par le châtiment.

Mais il est un point sur lequel on doit lui donner pleinement
raison contre les stoïciens : c'est quand il leur reproche d'avoir
soutenu, contrairement en somme à l'esprit général de leur doctrine, que les dieux ne s'occupent pas des petites choses, ni, sans
doute, des petites gens. Il leur oppose, à ce sujet, un ingénieux
argument personnel : Comment peut-on soutenir que les dieux ne
s'occupent pas des petites choses, quand on déclare, en même
temps, qu'ils prennent la peine de nous envoyer et de nous dis-
tribuer nos songes ? La conclusion du dialogue est ainsi formu-
lée par Cicéron : « Nous nous séparâmes dans des sentiments
divers, Velleius jugeant que la thèse de Cotta était plus vraie, et
moi, que celle de Balbus était plus vraisemblable. »

V. — Quelques critiques sur l'idée stoïcienne de la Providence.

Puisqu'une lacune assez considérable du IIIe livre porte précisément sur l'idée que les stoïciens se faisaient de la Providence, il
ne sera pas inutile de rappeler brièvement ici le vice capital de
cette conception.

Il consiste dans une contradiction étrange, cachée au fond de la
dialectique stoïcienne.

On sait que les deux grandes doctrines qui se partagent les
esprits au sujet de Dieu et de la Providence reposent elles-mêmes
sur deux formes bien distinctes de la dialectique, l'une que l'on
peut appeler la dialectique de la transcendance et l'autre la dialectique de l'immanence.

D'après les écoles théistes, Dieu est séparé du monde qu'il a créé,
qu'il conserve et qu'il dirige. Il n'a mis dans le monde et dans
l'homme qu'une empreinte de lui-même, « le sceau de l'ouvrier
sur son ouvrage. » Par conséquent, il n'y a dans la créature aucune
perfection qui ne lui ait été donnée et comme déléguée par Dieu.
Toute perfection que nous croyons voir ici-bas n'est qu'une image et
une ombre de la perfection souveraine, et la dialectique par laquelle nous nous élevons jusqu'à Dieu consiste à lui attribuer sous
une forme infinie tout ce que nous trouvons en nous-mêmes de
grand et de bon, la pensée, la sagesse, la personnalité.

Les écoles panthéistes, au contraire, font de Dieu la substance
du monde, la trame commune sur laquelle se détachent et se
développent toutes les manifestations du monde physique et du
monde moral. Dieu n'est plus pour elles la perfection transcen-
dante, mais la force immanente, l'énergie inépuisable d'où
toutes choses proviennent, où toutes choses retournent. Il n'est
plus l'éternelle personnalité qui se suffit à elle-même dans les
profondeurs de son essence, mais le principe indéfiniment fécond
dont la loi est de s'incarner dans tous les êtres, de se personnifier
dans toutes les volontés, de se retrouver par la conscience dans
toutes les formes et à tous les degrés de la pensée.

Par suite, la dialectique du panthéisme ne peut pas consister,
comme celle des écoles théistes, à retrouver en Dieu, sous une
forme actuelle, l'idéale plénitude des perfections que nous
découvrons en nous-mêmes. Le seul but qu'elle doive se proposer,
c'est de saisir, au sein de l'indétermination divine, la loi qui en
fait sortir éternellement toutes les déterminations de l'être, et non
seulement la matière aussi bien que l'esprit, mais encore le mal
au même titre que le bien; car le dieu du panthéisme, supérieur
à toutes les déterminations, ne peut être que l'*indifférence* du bien
et du mal, comme il est d'abord l'*indifférence* de l'infini et du fini.

Or, le vice singulier de la doctrine stoïcienne, c'est qu'elle ne se

décide point à choisir entre ces deux dialectiques; elle les mêle
arbitrairement l'une à l'autre.

En faisant de Dieu l'âme du monde, sorte de raison physique
éparse en toutes choses, elle est condamnée à le considérer
d'abord comme un être impersonnel, indifférent au bien et au
mal, et dont les forces malignes de la nature, la fièvre par exemple,
sont des manifestations aussi nécessaires que ses énergies bienfaisantes. Mais ensuite, elle prétend lui attribuer en même temps
les caractères et les privilèges de la personnalité.

D'où l'inévitable contradiction des idées stoïciennes sur la
Providence.

Les stoïciens sont dans la logique de leur système, toutes les
fois que leurs écrits nous présentent simplement la Providence
comme une loi suivant laquelle se distribue dans toutes les parties
de l'univers la plénitude de la substance divine. Mais ils ne savent
pas s'en tenir à cette conception; et ils veulent dans d'autres
ouvrages, ou dans d'autres parties de leurs ouvrages, que Dieu
soit aussi bonté et amour; que sa providence soit une libre
prévoyance qui veille sur les hommes, qui travaille au bien des
individus et des sociétés.

Or, le dieu du panthéisme ne peut être cette providence. Il n'est
que la substance infinie qui se déploie à travers toutes les formes et
tous les degrés de l'être,

> Exerçant au hasard une aveugle puissance,
> Vrai Saturne, enfantant, dévorant tour à tour,
> Faisant le mal sans haine et le bien sans amour.

Aussi les stoïciens ne peuvent-ils accorder cette idée d'un amour
divin, d'une bonté providentielle, avec les nécessités logiques de
leur système. Quoi qu'ils fassent, l'idée de la Providence, telle que
la conçoit l'instinct religieux de l'humanité, se montre dans leur
doctrine comme une impossibilité, comme une contradiction. Leur
Providence est inflexible et hautaine; elle n'enveloppe pas l'humanité des effluves de sa tendresse; leur dieu, imperturbable et froid,
est relégué dans une sphère où n'atteignent ni nos espérances, ni
nos prières, ni nos actions de grâces.

Ces contradictions entre la doctrine stoïcienne et la véritable
idée de la Providence ont été parfaitement discernées par les
anciens. On en pourrait donner des preuves nombreuses. Nous
nous contentons de citer un ou deux passages où Plutarque a très
ingénieusement développé quelques-unes des critiques les plus
fines que ses contemporains dirigeaient, à ce sujet, contre le
stoïcisme.

En voici un, par exemple, où il montre qu'il est absurde de
parler de Providence, quand on refuse le nom de biens à tant de
choses qui sont le charme de la vie, qui représentent véritable-
ment pour nous le sourire de la nature : la jeunesse, la santé, la

richesse même. A ce point de vue, la doctrine des stoïciens est
bien plus éloignée de l'idée de la Providence que celle d'Épicure
et de son école : « Lorsqu'il faut attaquer Épicure, il n'est pas
d'embarras que les stoïciens ne prétendent lui susciter. Ce sont
des oh! des ah! des hélas! qu'ils profèrent à grands cris. A les
entendre, Épicure bouleverse toute notion des dieux parce qu'il
supprime la Providence : « Ce n'est pas seulement, disent-ils,
» comme immortel et bienheureux, c'est encore comme aimant les
» hommes et comme plein de sollicitude pour leurs intérêts qu'on
» se représente Dieu. » Sans doute, rien n'est plus vrai ; mais, si c'est
enlever la notion de Dieu que de ne point laisser subsister la
Providence, que font-ils, eux qui disent : « Les dieux sont, il est
» vrai, notre Providence; mais ils ne nous rendent aucun service.
» Ce qu'ils nous dispensent, ce ne sont pas des biens, mais des
» choses indifférentes. » Ils ne donnent pas la vertu, mais ils
donnent la richesse, la santé, les enfants et autres choses du même
genre, dont pas une n'est utile ou avantageuse, dont pas une n'est
digne de fixer notre choix, dont pas une ne saurait servir nos
intérêts. Ou plutôt, la vérité, c'est que la doctrine des épicuriens
ne supprime pas la notion des dieux, tandis que celle des stoïciens
les insulte et les outrage. Ils prétendent qu'il existe un dieu pour
les fruits, un dieu pour les naissances, un autre pour la médecine;
et pourtant ni la santé, ni la fécondité, ni l'abondance des fruits
ne sont des biens; ce sont, à les entendre, des choses indifférentes,
et inutiles pour ceux qui les reçoivent. »

Mais la dureté des stoïciens, leur impuissance radicale à mettre
en Dieu la bonté, la mansuétude, la pitié, se montre bien mieux
encore dans la partie de leur doctrine qui se rapporte à la Providence particulière. On le voit bien dans les derniers chapitres
du IIe livre. Balbus y explique que les dieux ne s'occupent pas
seulement de l'humanité en général, ni même des cités; ils veillent
aussi sur les individus; ils ont protégé Curius, Fabricius, Coruncanius, etc. Mais quand, à la suite de cette énumération se pose le
problème des souffrances et des misères humaines, de toutes ces
angoisses dont le cri monte vers le ciel, Balbus ne trouve plus
pour le résoudre que cette formule dédaigneuse : *Magna di curant,
parva negligunt.* Or, Plutarque, dans ses *Contradictions des
stoïciens,* va nous rappeler que ce n'est pas là, sur ce sujet, le
dernier mot du stoïcisme. La Providence, selon les stoïciens, a si
peu de tendresse pour les hommes, qu'un des arguments qu'ils
emploient de préférence pour la démontrer, c'est la diversité des
moyens que les dieux mettent en œuvre pour diminuer le nombre
des habitants d'un pays, pour empêcher la propagation excessive
de l'humanité. Ainsi la guerre et les autres fléaux se trouvent
érigés en moyens providentiels du gouvernement de l'univers :
« De même que les cités, disait Chrysippe dans son traité *sur les
dieux,* lorsqu'elles regorgent de citoyens, se débarrassent de cet

excédent de population en envoyant au loin des colonies et en organisant des guerres, de même Dieu suscite des principes de destruction. » Et il citait à l'appui Euripide et d'autres poètes, qui disent que la guerre de Troie fut suscitée par les dieux afin d'épuiser le trop-plein de la population humaine : « Jupiter, conclut Plutarque, est donc bien cruel. Il laisse, dans son indifférence, grandir les hommes, et ensuite, après avoir favorisé leur croissance et leur développement, il les livre à toutes sortes de tortures, s'ingéniant à multiplier pour eux les causes de dépérissement et de destruction. »

CICÉRON

DE LA NATURE DES DIEUX

LIVRE SECOND*

Préliminaires. — Echange de réflexions entre les personnages du dialogue. — Balbus prend la parole pour exposer la théorie stoïcienne. — Les Stoïciens enseignent : 1° qu'il y a des dieux ; 2° quelle est la nature de ces dieux ; 3° que la Providence gouverne l'univers ; 4° que la Providence veille sur l'homme.

1. — Lorsque Cotta eut ainsi parlé : A quoi pensais-je, dit Velléius, de vouloir lutter contre un Académicien, qui est en même temps rhéteur ? Je n'aurais, en effet, redouté comme adversaire ni un Académicien, s'il eût ignoré l'art de la parole, ni un rhéteur, même éloquent, s'il eût ignoré les dogmes de cette philosophie. Je ne me laisse troubler ni par un pompeux verbiage qui n'a rien de solide, ni par de subtils raisonnements qui ne sont pas développés avec grâce. Pour vous, Cotta, vous avez réuni l'un et l'autre mérite ; il ne vous a manqué que des juges et un auditoire nombreux. Mais nous reprendrons une autre fois cette dispute ; pour le moment, si Balbus est disposé à prendre la parole, écoutons-le.

2. — J'aimerais mieux, reprit Balbus, que Cotta voulût bien continuer son discours, pourvu que cette même éloquence, avec laquelle il vient de souffler sur de faux dieux,

---

* Cette traduction, dans laquelle nous avons essayé de suivre scrupuleusement le texte, sans trop en affaiblir les mérites littéraires, est entièrement nouvelle.

lui servît à en établir de véritables. Il est digne, en effet, d'un philosophe, d'un pontife, d'un homme tel que Cotta, de professer sur les dieux immortels non pas des opinions vagues et flottantes, comme celles de l'Académie, mais un dogme ferme et stable, comme le nôtre. La doctrine d'Épicure a été, dans ce qui précède, plus que suffisamment réfutée ; c'est à vous maintenant, Cotta, de nous dire votre avis sur ces questions.

3. — Vous ne vous souvenez donc point, répondit Cotta, de l'aveu que je vous ai fait tout d'abord ? Sur ces sortes de matières principalement, il m'est plus facile d'attaquer l'opinion d'autrui que de fixer la mienne. Mais, quand même j'aurais sur elles quelque certitude, il me semblerait encore préférable, après avoir tenu si longtemps la parole, de vous entendre parler à votre tour. — Alors Balbus reprit : Puisque vous me l'ordonnez, je vais vous obéir et traiter ce sujet aussi succinctement que possible. D'ailleurs, votre réfutation d'Épicure me dispense déjà d'une bonne part de ce que j'aurais eu à dire. Sachez donc d'abord que nos Stoïciens divisent toute cette question en quatre parties. Dans la première, ils prouvent qu'il y a des dieux ; dans la seconde, ils déterminent leur nature ; ils nous apprennent ensuite que ces dieux gouvernent l'univers, et, enfin, qu'ils veillent en particulier sur les hommes. Prenons aujourd'hui les deux premiers articles ; et, comme les deux autres sont d'une plus longue discussion, nous ne ferons pas mal de les remettre à une autre fois. — Non pas ! s'écria Cotta ; traitons-les tous ensemble ; car nous sommes maîtres de notre temps, et, quand même nous aurions des affaires, elles devraient toutes céder la place à la question qui nous occupe.

II

L'existence de la divinité n'a pas besoin d'être démontrée. Elle résulte avec évidence du spectacle du ciel, du consentement universel, des fréquentes apparitions des dieux.

4. — Le premier point, dit Lucilius, ne semble pas avoir besoin de preuve. Peut-on, en effet, regarder le ciel et con-

templer tout ce qui s'y passe, sans découvrir, avec l'évidence la plus irrésistible, qu'il est gouverné par une souveraine et divine intelligence ? S'il n'en était pas ainsi, tout le monde applaudirait-il à cette pensée d'Ennius :

« Vois cette brillante voûte du ciel, que nous invoquons tous sous le nom de Jupiter; »

de Jupiter, dis-je, le maître du monde ; le dieu dont la volonté régit toutes choses ; celui dont Ennius a dit encore :

« ..., le père des dieux et des hommes; »

de Jupiter, le dieu dont la puissance est partout présente ? L'homme qui douterait d'une telle vérité pourrait mettre aussi en doute s'il y a un soleil. L'un, en effet, n'est pas plus visible que l'autre.

5. — Si notre croyance à l'existence des dieux n'était pas une conception naturelle, une notion innée, on ne la verrait pas subsister avec tant d'énergie, s'affermir avec le temps, traverser victorieusement les siècles et les générations des hommes. Tout ce qui n'était que fiction, que fausseté, nous le voyons se dissiper à la longue. Personne croit-il encore aujourd'hui qu'il y ait jamais eu un Hippocentaure, une Chimère ? Les monstres horribles dont on peuplait autrefois les enfers font-ils encore peur à la plus sotte des vieilles femmes tombées en enfance? Le temps rejette dans l'ombre tout ce qui n'était que vaine opinion, mais il confirme les jugements de la nature; et voilà pourquoi, chez nous comme chez les autres peuples, le culte divin et les pratiques religieuses s'augmentent et s'épurent de jour en jour.

6. — Et cela même, il ne faut l'attribuer ni au caprice ni au hasard, mais aux marques certaines que les dieux nous donnent souvent de leur présence. C'est ainsi que, dans la guerre des Latins, quand le dictateur Postumius attaqua, près du lac Régille, Octavius Mamilius de Tusculum, notre armée vit Castor et Pollux qui combattaient pour nous à

cheval. A une époque plus rapprochée de nous, ce furent ces mêmes Tyndarides qui annoncèrent la défaite du roi Persée. En effet, P. Vatinius, l'aïeul de celui que nous connaissons, revenant de Réate à Rome pendant la nuit, rencontra deux jeunes hommes, montés sur des chevaux blancs, qui lui dirent que Persée avait été pris ce jour-là même ; il annonça cette nouvelle au Sénat, qui d'abord le fit jeter en prison, comme coupable d'avoir parlé témérairement sur une affaire d'État ; mais bientôt la nouvelle ayant été confirmée par les lettres du général, comme il se trouva que les jours concordaient, il reçut du Sénat comme récompense le don d'un champ et l'exemption du service militaire. Un autre fait dont la mémoire n'est pas éteinte, c'est que les troupes de Locres ayant battu vivement celles de Crotone sur les bords de la Sagre, le bruit s'en répandit le même jour aux jeux Olympiques, qui se célébraient alors. Souvent les Faunes ont fait entendre leurs voix. Souvent les dieux ont apparu sous des formes si visibles qu'il fallait être ou stupide ou impie pour en douter.

III

Elle résulte également de la divination, des présages et des prodiges, Les plus grands malheurs ont toujours été amenés par le mépris de l'art augural. La grandeur de Rome a été fondée par ceux de ses généraux qui ont respecté la religion.

7. — Quant aux prédictions et aux pressentiments d'événements futurs, ils montrent que les dieux ont établi des moyens de révélation par lesquels les hommes peuvent être informés des faits merveilleux ou monstrueux, ainsi que des catastrophes qui les menacent. Quand même on considérerait comme des fictions ce que l'on rapporte de ces augures si fameux, Mopsus, Tirésias, Amphiaraüs, Calchas, Hélénus, que les fables même n'auraient pas appelés de ce nom, si aucun fait ne l'eût justifié, manquons-nous d'exemples domestiques, qui nous y découvrent la puissance

des dieux? Ne serons-nous pas émus de ce qui arriva dans la première guerre punique à P. Claudius, qui, apprenant que les poulets qu'on avait tirés de leur cage ne mangeaient pas, les fit jeter à l'eau et s'écria, en raillant les dieux : *Qu'ils boivent donc, puisqu'ils ne veulent pas manger !* Plaisanterie qui coûta cher au peuple romain, et que Claudius paya de ses larmes, quand il vit sa flotte détruite par l'ennemi. Et, pendant le cours de la même guerre, Junius, son collègue, ne perdit-il pas ses vaisseaux dans une tempête, pour avoir mis à la voile malgré les auspices qui le lui défendaient ? Aussi le premier fut condamné par le peuple, et l'autre se donna lui-même la mort.

8. — De même, suivant le rapport de Célius, c'est pour avoir négligé les auspices que C. Flaminius éprouva sur les bords du lac Trasimène une défaite que nous avons ressentie longtemps. Tous ces événements sinistres font assez voir que Rome doit sa grandeur à ceux de ses généraux qui ont respecté la religion. Et, lorsqu'on voudra comparer le peuple romain avec les autres peuples, on verra que ce qui l'élève au-dessus des autres nations (bien qu'il leur soit seulement égal ou même inférieur sous d'autres rapports), c'est son zèle pour les cérémonies saintes.

9. — Faut-il se moquer aussi d'Attius Navius et de son bâton augural avec lequel il partagea sa vigne en diverses régions pour parvenir à la découverte d'un pourceau ? Je m'en moquerais, si je ne savais quelle part ses prophéties ont eue aux victoires du roi Hostilius. Mais aujourd'hui la négligence des magistrats a laissé perdre l'art des augures. On méprise la vérité des auspices ; on ne s'y attache que pour la forme ; dans les affaires mêmes les plus importantes, telles que les guerres, qui intéressent le salut public, on ne leur accorde plus aucune importance. On a cessé de les prendre au passage des rivières ; on ne tient plus compte des présages que donnent les pointes des lances ; on néglige les cérémonies qui se faisaient au moment des levées d'hommes ; on a laissé se perdre l'usage des testaments militaires. Quand nos officiers n'ont plus le pouvoir de prendre les auspices, c'est alors qu'on les envoie à l'armée.

10. — La religion, au contraire, était si puissante sur l'esprit de nos ancêtres que, plusieurs fois, on a vu des généraux se voiler la tête, prononcer les paroles sacramentelles et s'immoler eux-mêmes aux dieux pour sauver l'État. Et je pourrais encore, au sujet des livres sibyllins ou des réponses des haruspices, raconter un grand nombre de traits qui mettraient la vérité dans tout son jour.

IV

Des faits nombreux de l'histoire romaine justifient les prédictions des augures ou les réponses des haruspices. Incident des Comices tenus par Tib. Gracchus. Les erreurs qui se produisent quelquefois dans l'interprétation des signes divins ne prouvent pas plus contre la légitimité de la divination que les erreurs commises par les médecins dans leurs diagnostics et dans leurs pronostics ne prouvent contre la légitimité de la médecine.

C'est ainsi, par exemple, que les présages de nos augures et des haruspices d'Étrurie se virent justifiés par l'événement, lorsqu'il s'agit d'élever Scipion et Figulus au consulat. Tib. Gracchus, qui était consul pour la seconde fois, procédait à leur élection ; le premier de ceux qui recueillaient les suffrages n'eut pas plutôt remis au consul les noms des élus, qu'il mourut tout à coup sur la place même ; Gracchus, malgré cet incident, fit achever les Comices ; mais, voyant que le peuple en concevait du scrupule, il porta l'affaire devant le Sénat ; le Sénat fut d'avis que le cas devait être communiqué à ceux qui ont coutume d'en connaître. Les haruspices furent donc introduits, et ils déclarèrent que le président des Comices n'avait pas agi conformément à la loi.

11. — Alors, Gracchus, m'a raconté mon père, outré de fureur, s'écria : « Quoi donc ? Je n'aurais pas agi conformément à la loi, moi qui ai convoqué les Comices en qualité de consul, en qualité d'augure, et après avoir pris les auspices ! Mais, est-ce donc à vous, Étruriens, est-ce à vous, étrangers dans notre pays, qu'il appartient d'exercer le droit

augural du peuple romain, et de prononcer sur nos Comices?
Là-dessus, il leur ordonna de se retirer. Mais, peu de temps
après, il écrivit de sa province au collège des augures,
qu'en lisant les rituels, il s'était ressouvenu d'avoir dressé
la tente augurale dans les jardins de Scipion ; que, de là,
étant rentré à Rome pour assembler le Sénat, il avait, en
repassant le Pomérium, oublié de prendre une seconde fois
les auspices, et qu'en cela il reconnaissait avoir commis une
faute de nature à rendre irrégulière la création des consuls.
Les augures le firent savoir au Sénat ; le Sénat fut d'avis que
les consuls se démettraient de leur charge ; ils s'en démirent
en effet. Que nous faut-il de plus ? Nous voyons là un
homme très sage, le plus habile peut-être que nous eussions
alors, avouer une faute qu'il aurait pu tenir cachée, plutôt
que de laisser subsister dans les affaires de l'État un sujet
de scrupule. Nous voyons des consuls se dépouiller, à l'heure
même, de la puissance souveraine, plutôt que de la retenir
un instant contre l'ordre de la religion.

12. — Les augures jouissent donc d'un grand crédit.
Mais l'art des haruspices n'est-il pas, lui aussi, divin ?
Qui considérera beaucoup de faits du même genre, que je
pourrais citer, sera bien forcé de reconnaître l'existence
des dieux. En effet, des êtres qui ont des interprètes de
leur pensée doivent, à plus forte raison, exister eux-
mêmes. Or, les dieux ont des interprètes. Donc, les dieux
existent. On objectera peut-être que les prédictions ne s'accomplissent pas toujours. Mais, parce que tous les malades
ne guérissent pas, en conclura-t-on que l'art de la médecine
n'existe point? Ce qui regarde les dieux, c'est de nous marquer l'avenir par des signes. Si maintenant on se trompe
dans l'interprétation de ces signes, ce n'est pas la nature
des dieux, c'est la sagacité des hommes qui est en défaut.
Il y a donc au moins un fait certain pour tous et partout:
c'est que l'idée des dieux est innée et profondément gravée
dans tout esprit humain. Quelle est la nature des dieux?
on discute là-dessus ; mais qu'il y en ait, personne ne le
conteste.

V

Tous les hommes croient à l'existence des dieux, bien que tous ne soient pas d'accord sur leur nature. Cléanthe rapporte cette croyance à quatre causes, qui sont : 1° les pressentiments de l'avenir ; 2° l'abondance des biens qui sont à notre disposition ; 3° les cataclysmes de la nature ; 4° les mouvements réglés des astres. L'ordre qui règne dans une maison manifeste l'intelligence d'un maître qui y commande ; l'ordre éternel de l'univers démontre qu'une intelligence suprême l'a établi.

13. — Cléanthe, un de nos Stoïciens, rapporte à quatre classes de sentiments cette notion de la divinité qui est gravée dans les esprits des hommes. La première est celle dont j'ai parlé tout à l'heure. Elle a sa source dans le pressentiment de l'avenir. La seconde naît de la grandeur des bienfaits que nous procurent la clémence de l'air, la fertilité de la terre, l'abondance de tant d'autres biens mis par la nature à notre disposition.

14. — La troisième a son origine dans les phénomènes qui nous effrayent, foudres, tempêtes, orages, neiges, grêles, calamités, pestes, tremblements de terre, souvent accompagnés de grondements intérieurs ; pluies de pierres et pluies de sang, affaissements du sol, gouffres qui se creusent tout à coup, naissances d'êtres monstrueux, hommes ou bêtes ; torches ardentes qui brillent dans l'air, apparitions de ces astres étranges que les Grecs appellent *comètes*, que nous appelons *étoiles chevelues*, et qui, pendant la guerre d'Octavius, nous présagèrent d'horribles maux ; enfin dédoublements du soleil, comme j'ai entendu dire à mon père qu'il en parut sous le consulat de Tuditanus et d'Aquilius, la même année que s'éteignit cet autre soleil, Scipion l'Africain. Tout cela, dis-je, a épouvanté les hommes et leur a fait soupçonner qu'il y a une Puissance céleste et divine.

15. — Quant à la quatrième preuve de Cléanthe, la plus forte de toutes, c'est celle que nous donne la permanence des mouvements et des révolutions du ciel, ainsi que la distinction, la variété, la beauté, l'harmonieux rapport du

soleil, de la lune, de tous les astres. Il n'y a qu'à les voir pour juger que ce ne sont pas là des effets du hasard. Comme un homme, entrant dans une maison, dans un gymnase, dans le forum, est d'abord frappé de l'ordre, de la mesure, de la discipline qui y règnent, et comprend vite que cela n'est pas l'œuvre du hasard, mais qu'il y a là quelqu'un qui commande et qui est obéi ; de même, et à plus forte raison, quand on voit dans la prodigieuse quantité des astres une si belle alternance de mouvements, un ordre si général et si parfait, qui depuis une éternité ne s'est pas démenti un seul instant, on ne peut s'empêcher de reconnaître qu'une intelligence gouverne ces grands mouvements de la nature.

VI

Chrysippe, de son côté, déclare que si, dans la nature, il y a des choses qui surpassent les facultés de l'homme, ces choses doivent avoir un auteur supérieur à l'homme lui-même. En outre, l'air que nous respirons est épais et grossier, si on le compare à l'éther qui emplit les régions supérieures du monde ; c'est une raison de croire que ces régions supérieures contiennent des êtres divins. Enfin, l'esprit même de l'homme n'est pas un effet sans cause ; il faut bien que nous l'ayons emprunté à une intelligence supérieure et divine.

16. — Chrysippe, malgré toute sa pénétration, n'aurait pu, ce semble, trouver les admirables choses qu'il dit sur ce sujet, si la nature elle-même n'avait pris soin de l'en instruire. « S'il y a, dit-il, des choses dans l'univers que l'esprit de l'homme, que sa raison, que sa force, que sa puissance ne soit pas capable de faire, l'Être qui les produit est certainement meilleur que l'homme. Or, l'homme ne saurait faire le ciel, ni rien de ce qui est réglé d'une manière éternelle. Donc l'Être qui l'a fait est meilleur que l'homme. Pourquoi donc ne pas dire que c'est la divinité ? Si, en effet, les dieux n'existaient pas, il n'y aurait rien dans la nature de meilleur que l'homme, puisque, seul, il possède la raison,

la plus excellente de toutes les facultés? Or, on ne peut supposer un homme assez arrogant et assez fou pour croire qu'il n'y a rien de meilleur que lui dans tout l'univers. Il existe donc un être meilleur que l'homme. Donc Dieu existe. »

17. — N'est-il pas vrai que, si vous jetez les yeux sur une grande et superbe maison, personne ne vous fera croire, bien que le maître en demeure invisible pour vous, qu'elle a été construite pour loger des rats et des belettes? Quelle folie ne serait-ce donc pas si vous alliez vous figurer qu'un monde si orné, que des cieux si magnifiques, qu'une si immense étendue de mers et de terres, que tant de splendeurs, en un mot, aient été faites pour ne loger que vous, et non pas les dieux immortels! Et ne comprenez-vous pas, d'autre part, que les régions du monde les plus élevées sont nécessairement aussi les meilleures? Or, la terre étant la plus basse de toutes, c'est l'air le plus grossier qui s'y répand. Donc, comme il y a des villes et des pays où les esprits sont naturellement peu subtils, parce qu'on y respire un air trop épais, la même chose doit arriver aux hommes en général, puisqu'ils habitent dans la région de l'univers où l'élément vital est le plus épais.

18. — Et cependant, c'est l'industrie même de l'homme qui doit nous porter à croire qu'au-dessus de notre intelligence il en existe une autre, plus subtile et vraiment divine. « D'où viendrait, en effet, à l'homme, dit Socrate dans Xénophon, l'entendement dont il est doué? » Pour les autres éléments de notre nature, la réponse est facile. Nous voyons sans peine d'où nous viennent l'humidité et la chaleur répandues dans notre corps, la substance solide dont sont formées nos entrailles, enfin le souffle même qui nous anime. Nous ne sommes pas embarrassés pour répondre que tout cela vient de la terre, ou de l'eau, ou du feu, ou enfin de l'air naturel que nous faisons entrer en nous par la respiration.

VII

Le monde étant ce qu'il y a de meilleur, il est impossible qu'il ne possède pas la plus importante de toutes les perfections. Le monde étant plein d'ordre, on ne concevrait pas que cet ordre subsistât sans une âme infinie et parfaite.

Mais ce qui est bien au-dessus de tout cela, j'entends la raison, ou, pour dire la même chose en plusieurs termes, l'esprit, le jugement, la pensée, la prudence, où avons-nous trouvé ces facultés? d'où les avons-nous tirées? Dira-t-on que toutes les perfections sont réunies dans le monde, excepté la principale? Car, enfin, le monde est non seulement ce qu'il y a, mais ce qu'on peut concevoir de meilleur, de plus excellent, de plus beau. Mais, puisque nous en convenons, il s'ensuit que la raison et la sagesse étant les plus grandes de toutes les perfections, le monde doit nécessairement les posséder.

19. — Et qui ne serait forcé de les reconnaître dans cette admirable liaison, dans ce savant assemblage de tout ce qui compose l'univers? Que, suivant les saisons, la terre se couvre successivement de fleurs et de frimas ; que, malgré tant de changements qui arrivent dans la nature, le soleil, toujours constant, s'éloigne de nous tous les hivers et s'en rapproche tous les étés ; que le flux et le reflux de la mer suivent toujours exactement le cours de la lune, que le mouvement du ciel enveloppe et maintienne toujours dans son unité celui de tous les astres, dont le cours est si différent : un tel concert peut-il subsister dans le monde sans qu'il y ait une âme divine qui se communique à toutes ses parties et qui les unisse toutes?

20. — Quand on développe ces principes, ainsi que j'ai dessein de le faire, avec une certaine abondance, il devient moins facile aux Académiciens de les entamer. Si, au contraire, on se borne, comme c'était la coutume de Zénon, à un raisonnement court et sec, on prête davantage le flanc aux objections de ces philosophes. Car, de même que l'eau

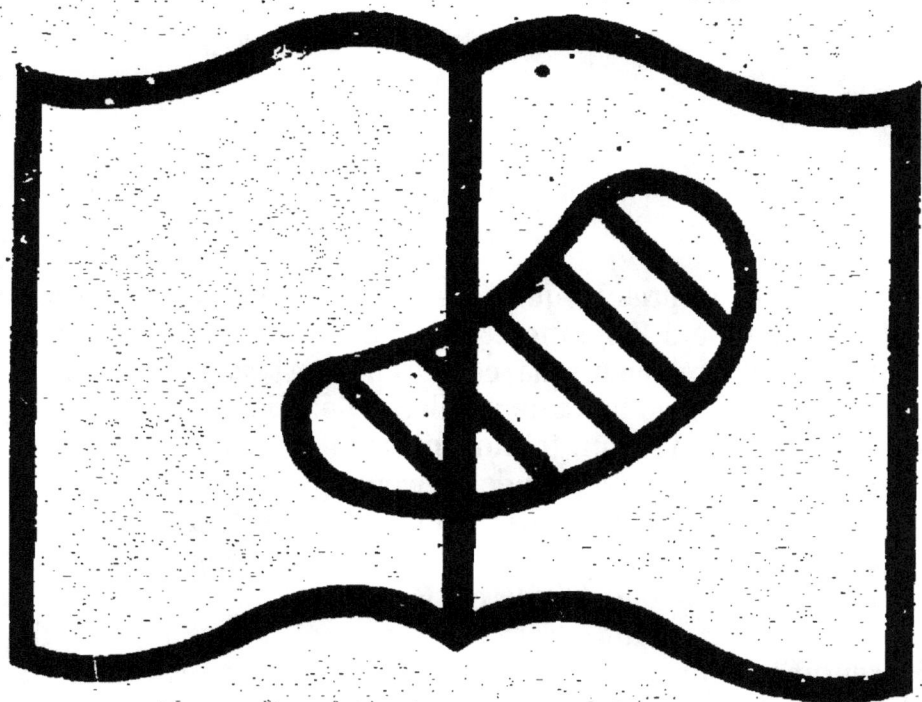

Illisibilité partielle

ne risque guère de se corrompre dans une rivière qui coule à pleins bords, tandis qu'elle se corrompt vite dans un marais sans écoulement, de même, les objections ne tiennent point contre le courant des paroles, au lieu qu'un discours trop concis donne plus de prise aux contradicteurs.

VIII

Zénon a résumé tous ces arguments, mais avec une brièveté et une sécheresse qui leur enlèvent quelque chose de leur valeur.

21. — Ces preuves que nous nous efforçons de développer, voici comment Zénon les condensait : « Ce qui est doué de raison est meilleur que ce qui n'en est pas doué ; or, le monde est ce qu'il y a de meilleur : donc le monde est doué de raison. » Avec un tel raisonnement, on peut tout aussi bien conclure que le monde est sage, qu'il est heureux, qu'il est éternel. Car toutes ces qualités sont meilleures que leurs contraires ; et, puisqu'il n'y a rien de meilleur que le monde, il en résulte que le monde est Dieu.

22. — Zénon dit encore : « D'un tout qui n'a point de sentiment, aucune partie n'en peut avoir ; or, quelques parties du monde ont du sentiment : donc le monde a du sentiment. » Et il continue, en donnant à son raisonnement une force plus pressée encore et plus serrée : « Rien d'inanimé ni d'irraisonnable ne saurait, dit-il, produire un être animé et raisonnable ; or, le monde produit des êtres animés et raisonnables : donc le monde est animé et raisonnable. » Après quoi, il conclut à son ordinaire par une comparaison : « S'il croissait sur un olivier des flûtes qui rendissent un son mélodieux, douteriez-vous que cet olivier sût jouer de la flûte ? Vous jugeriez de même que les platanes savent la musique, s'ils portaient de petites cordes qui résonnassent harmonieusement. Pourquoi donc ne pas croire que le monde a une âme et qu'il est sage, puisqu'il produit des animaux et des sages ? »

IX

A ces raisons métaphysiques s'en ajoutent d'autres de l'ordre physique. La chaleur est la condition du mouvement et de la vie. Les palpitations d'un cœur arraché d'une poitrine ressemblent à l'agitation d'une flamme. Cette même chaleur se retrouve dans tous les éléments. Elle est dans la terre, comme le prouve l'étincelle qui jaillit du choc de deux pierres.

23. — Mais, puisque je me suis écarté de ce que j'avais dit en commençant (j'avais déclaré, en effet, que ce premier point n'a pas besoin d'être développé, l'existence des dieux ne faisant doute pour personne), je crois qu'il ne sera pas inutile de confirmer ce qui précède par des raisons tirées de la physique. L'expérience démontre que tous les êtres qui se nourrissent et qui croissent ont une chaleur interne sans laquelle ils ne pourraient ni croître ni se nourrir. En effet, ce qui est chaud et igné possède un mouvement propre. Or, dans tout ce qui se nourrit et s'accroît, nous retrouvons ce mouvement régulier et uniforme qui maintient en nous, tant qu'il dure lui-même, la sensibilité et la vie ; et c'est seulement lorsque la chaleur de ce mouvement se refroidit et s'éteint que nous nous éteignons nous-mêmes et que nous mourons.

24. — Cléanthe, pour faire voir combien est grande l'activité de la chaleur dans tous les corps, observe qu'il n'y a point de nourriture si pesante dont la coction ne se fasse dans un jour et une nuit, et que même il reste encore de la chaleur dans les excréments. D'ailleurs, le battement continuel des veines et des artères imite le scintillement des astres ; et, quand le cœur d'un animal vient d'être arraché, on le voit encore palpiter avec une vitesse qui rappelle les vibrations d'une flamme. Ainsi donc, tout ce qui vit, soit plante, soit animal, ne vit que par l'action de la chaleur qu'il renferme. D'où l'on voit que la chaleur possède en elle une énergie vitale qui est à l'état de *tension* dans l'immensité de l'univers.

25. — Et cela, nous le comprendrons mieux encore,

lorsque nous aurons expliqué plus en détail toute cette nature du feu qui circule à travers les choses. Oui, toutes les
parties de l'univers (mais je ne signalerai ici que les plus
grandes) sont reliées les unes aux autres et soutenues par
l'énergie du feu. C'est ce qu'on peut d'abord constater sur
la substance même de la terre. Choquez ou frottez des pierres
l'une contre l'autre, il en sortira du feu. Creusez le sol, vous
en verrez sortir de la fumée. L'eau de puits est tiède, surtout en hiver, parce qu'il y a dans le sein de la terre beaucoup de chaleur, et que, durci par la rigueur de la saison,
le sol conserve alors, avec une déperdition moindre, la
chaleur qu'il contient.

X

Elle est dans l'eau, puisque le froid la congèle ; elle est aussi
dans l'air.

26. — Quantité de raisons, qu'il serait trop long d'énumérer, prouvent que toutes les plantes doivent à une chaleur
tempérée leur production et leur accroissement. L'eau même
est mêlée de feu, puisque sans cela elle ne serait pas liquide
et coulante. Nous voyons, en effet, que le froid, quand il
domine, la convertit en glace, en neige, en frimas ; ce qui
serait impossible si le mélange de la chaleur n'était cause,
au contraire, de sa liquéfaction et de sa fusion. Ainsi
l'aquilon et les autres causes de froid la durcissent, tandis
que la chaleur l'amollit et lui rend sa première fluidité. Et ce
qui montre que la mer aussi renferme de la chaleur dans
l'abîme de ses eaux, c'est que, agitée par les vents, elle tiédit :
car il ne faut pas s'imaginer qu'elle reçoive alors une chaleur
étrangère ; ce qui l'échauffe, c'est son agitation ; comme il
nous arrive de nous échauffer nous-mêmes par l'exercice et
le mouvement que nous nous donnons.

27. — Enfin, l'air lui-même, quoique le plus froid des
éléments, n'est pas pour cela dépourvu de chaleur. Il en a
même beaucoup. Ce sont, en effet, les eaux qui le forment

par leurs exhalaisons ; il est comme une vapeur qui s'élève
au-dessus de leur surface, et c'est le mouvement de leur
chaleur interne qui lui donne naissance. On en voit, d'ailleurs,
dans l'eau bouillante une image bien sensible. Quant au
quatrième élément de l'univers, on peut dire qu'il est tout
entier chaleur et que c'est lui qui communique à tout le
reste la flamme salutaire de la vie.

28. — Tirons de là cette conséquence que, la chaleur étant
ce qui maintient chaque partie de l'univers, c'est par elle
seule que le monde lui-même subsiste tout entier avec cette
admirable perpétuité que nous lui voyons ; d'autant plus,
qu'elle se communique de telle façon à toute la nature qu'on
doit la considérer comme étant la source de la vertu gé-
nératrice à laquelle tous les animaux et toutes les plantes
doivent la vie et l'accroissement.

XI

Dans toute substance composée il y a une partie dirigeante. Pour
la nature, cette partie ne peut être que le feu ; et, puisque le
feu est, dans les hommes et les animaux, le principe du mouvement et du sentiment, il doit, dans les pures régions de l'éther,
animer des êtres divins.

29. — Il y a donc un élément dont l'action enveloppe et
conserve l'univers tout entier, et j'ajoute qu'il n'est dépourvu
ni de sentiment ni de raison. Il faut, en effet, que dans
toute nature complexe il y ait une partie qui domine. Dans
l'homme, c'est l'entendement ; dans les bêtes, c'est quelque
chose qui ressemble à l'entendement, et qui est le principe
de leurs appétits ; dans les arbres et dans les autres plantes,
on croit que c'est la racine. J'appelle dans un objet quel-
conque partie dominante (les Grecs disent ἡγεμονικόν) celui de
ses éléments sur lequel aucun autre ne peut ni ne doit avoir
la supériorité. Il faut donc que, dans la nature entière,
cet élément dominateur, auquel tout doit être soumis,
soit la meilleure de toutes les choses et la plus digne de
commander.

30. — Mais nous voyons que, parmi les parties de l'univers (et rien n'existe dans le monde qui ne soit un élément du tout), il y a le sentiment et la raison, il faut donc que la partie supérieure de l'univers ait ces mêmes qualités, et les ait éminemment. Il faut que le monde possède la sagesse et que celui de ses éléments qui pénètre et vivifie tout ait en partage la souveraine raison. En d'autres termes, il faut que l'univers soit dieu, et que toute l'essence du monde soit enveloppée dans l'essence divine. Mais cette chaleur du feu cosmique dont nous avons parlé est beaucoup plus pure, beaucoup plus lucide et beaucoup plus mobile que la chaleur du feu terrestre, répandue dans les objets que nous connaissons ; et, par suite, elle est beaucoup plus apte à éveiller dans l'être qui la possède le sentiment et la pensée.

31. — Puis donc que le feu qui agit ici-bas suffit pour produire dans les hommes et dans les bêtes le mouvement et le sentiment, n'est-ce pas une absurdité de prétendre que le monde n'ait pas le sentiment, lui que nous savons être pénétré de cet autre feu qui a dans l'éther toute sa pureté, toute sa force, toute sa liberté, toute son activité ? D'autant plus que ce feu est lui-même le principe de son agitation, et qu'elle ne lui vient nullement d'ailleurs. Car quelle autre force plus grande que celle du monde pourrait soumettre à ses impulsions la chaleur même qui fait subsister le monde ?

XII

Ce qui se meut soi-même est supérieur à ce qui est mû par autre chose ; or, le mouvement spontané ne se trouve que dans les âmes ; donc, puisque le monde est partout en mouvement, il y a une âme divine du monde. Cette âme est essentiellement raison et sagesse. Elle se manifeste dans les plantes par la faculté nutritive, dans les animaux par la sensibilité, dans l'homme par la pensée.

32. — Écoutons ici Platon, qui est comme un dieu pour les philosophes. Il distingue à ce sujet deux sortes de mouvements, l'un spontané, l'autre extérieur. Mais, ajoute-t-il,

ce qui se meut par soi-même et spontanément est plus divin que ce qui est mû par une impulsion étrangère. Or, ce mouvement n'appartient qu'aux âmes ; et de là Platon conclut que c'est en elles qu'il faut trouver le principe de tout mouvement. Ainsi, puisque tout mouvement vient de l'éther, qui, lui-même, est mû, non par impulsion, mais par sa propre vertu, il faut conclure que l'éther est la même chose que l'âme et, par suite, que le monde est animé. Et, de même, on pourra conclure aussi que le monde possède l'intelligence, puisqu'il faut bien que le monde ait plus de perfections en soi que n'en ont séparément les êtres particuliers! Comme il n'est point, en effet, de partie dans notre corps qui ait autant de valeur que notre corps tout entier, il n'est point de partie de l'univers qui puisse être équivalente à l'univers lui-même. D'où il suit que la sagesse est un des attributs du monde ; sans quoi l'homme, qui n'est qu'un être particulier, mais raisonnable, vaudrait mieux que l'univers tout entier.

33. — Si maintenant on remonte des êtres les plus vils, et qui ne sont, pour ainsi dire, qu'ébauchés, jusqu'aux êtres supérieurs et parfaits, on trouvera au sommet les dieux. Car à la base nous avons les plantes, qui ne reçoivent de la nature que la faculté de se nourrir et de croître.

34. — Les bêtes ont de plus le sentiment et le mouvement, avec du goût pour ce qui leur est bon et de l'aversion pour ce qui leur est nuisible. L'homme possède, en outre, la raison, qui lui est donnée pour commander à ses passions, modérer les unes et dompter les autres.

XIII

Au sommet de l'éther, elle doit se manifester dans des êtres divins, qui possèdent la sagesse absolue, la raison infinie, l'idéale perfection. C'est d'une manière éternelle que la nature possède cette perfection de la sagesse et de la raison.

Enfin, le quatrième degré, celui qui domine tout, est occupé par ces êtres supérieurs que leur nature même a faits bons et sages. En eux réside d'une manière innée la droite et immuable raison, qui doit être considérée comme au-dessus de l'homme et attribuée, sous une forme parfaite et absolue, à Dieu, c'est-à-dire au monde.

35. — On ne peut nier, en effet, qu'il y ait pour chaque nature d'êtres une forme achevée et parfaite. Ainsi, dans la vigne, aussi bien que dans l'animal, nous voyons la nature, à moins qu'elle ne rencontre quelque obstacle extérieur, arriver par des voies qui lui sont propres jusqu'à l'achèvement de l'essence. La peinture, l'architecture, tous les arts, ont ainsi leur perfection. A plus forte raison, la nature doit-elle avoir la sienne. En effet, beaucoup de causes étrangères peuvent s'opposer à la perfection des êtres particuliers ; mais rien ne saurait contrarier la nature ; car elle domine et contient en elle toutes les autres causes. Ainsi, c'est une nécessité qu'il y ait ce quatrième degré de l'être, le plus élevé de tous, et contre lequel aucune force ne peut prévaloir.

36. — Mais ce rang suprême, c'est la nature qui l'occupe ; et, puisqu'elle préside à tout, puisque rien ne peut lui faire obstacle, il faut bien qu'elle ait comme attributs l'intelligence et la sagesse. Qu'y a-t-il donc de plus inepte que de disputer à cette nature, qui enveloppe toutes choses, la suprême perfection, ou de dire qu'étant infiniment parfaite, elle n'est pas animée, raisonnable, prudente, sage ? Pourrait-elle, sans réunir toutes ces qualités, être infiniment parfaite ? Car enfin, si elle n'a rien de plus que les plantes, ou même que les bêtes, il n'y a pas de raison pour voir en elle la meilleure plutôt que la pire des choses. Et, si dès le commencement elle n'a possédé que la raison, sans y joindre la sagesse, on ne peut prouver que le monde soit supérieur à l'homme ; car un homme qui n'est pas sage peut le devenir ; mais certainement le monde ne le deviendra jamais, s'il ne l'a pas été durant cette infinité de siècles qui se sont écoulés jusqu'à présent. Donc la condition de la nature serait au-dessous de la condition humaine. Pour ne pas dire une chose si absurde, reconnaissons que de toute éternité le monde est sage, et que, par conséquent, il est dieu.

37. — Rien, en effet, ne peut exister en dehors du monde, puisque rien ne lui manque et qu'il rassemble en lui tous les mérites, toutes les qualités et toutes les perfections.

XIV

La perfection dans l'homme ne peut être qu'un reflet de la perfection divine ; l'être en voie de développement suppose la perfection en acte.

Comme l'étui, dit très bien Chrysippe, est fait pour le bouclier, comme le fourreau est fait pour l'épée, ainsi toutes choses, excepté l'univers, sont faites les unes pour les autres : les fruits de la terre pour nourrir les animaux, les animaux pour nourrir l'homme, le cheval pour voiturer, le bœuf pour labourer, le chien pour chasser et pour garder ; l'homme enfin, pour contempler et imiter l'univers ; et l'on voit par là que l'homme n'est nullement parfait en lui-même, mais seulement une parcelle de l'être parfait.

38. — C'est le monde seul qui est absolument parfait, puisqu'il renferme tout, et que rien n'existe en dehors de lui. Comment, à plus forte raison, la qualité la plus parfaite pourrait-elle lui manquer ? Or, l'intelligence et la raison sont les choses les plus parfaites ; elles ne lui manquent donc point. Par conséquent, Chrysippe a raison quand il montre par des similitudes que les choses qui sont dans leur état de perfection et de maturité l'emportent de beaucoup sur celles qui n'y sont pas encore : le cheval, par exemple, sur le poulain ; le chien adulte sur le chien encore petit ; l'homme sur l'enfant ; et quand il en conclut que ce qu'il y a de meilleur dans le monde entier doit appartenir comme attribut à l'être absolu et parfait.

39. — Or, il n'y a rien de plus parfait que le monde, et il n'y a rien de meilleur que la vertu. Il faut donc que la vertu soit un attribut du monde. D'autre part, la nature de l'homme n'est pas parfaite, et cependant la vertu est réalisée dans l'homme. A combien plus forte raison ne doit-elle pas

l'être dans le monde? Ainsi, le monde possède la vertu.
Ainsi, il est sage, et par conséquent dieu.

XV

La divinité du monde doit être concentrée dans les astres, puisqu'ils
sont composés du plus pur éther, dans lequel réside au suprême
degré la chaleur vitale. La perfection des animaux est en rapport avec la perfection de l'élément où ils vivent ; dans l'élément
le plus pur doivent vivre des animaux divins.

Au reste, la divinité que nous venons de reconnaître dans
le monde doit être pareillement reconnue dans les astres,
qui sont formés de ce que l'éther a de plus pur et de plus
mobile, sans mélange d'autre matière, et qui, n'étant que
chaleur et lumière, passent avec raison pour des êtres
animés, sensibles et intelligents. D'ailleurs, comme le remarque Cléanthe, cette nature toute ignée des astres nous
est confirmée par nos deux sens les plus subtils, le toucher
et la vue.

40. — Le soleil, en effet, jette une lumière qui surpasse
de beaucoup celle de tout autre feu, puisqu'elle rayonne
dans toutes les directions de l'univers ; et son impression
sur notre sens du toucher est tellement vive que non seulement il nous échauffe, mais souvent même il nous brûle ;
ce qu'il ne pourrait faire si sa nature n'était ignée. « Ainsi
donc, dit ce philosophe, puisque le soleil est un corps igné,
à qui les vapeurs de l'Océan servent d'aliment, n'y ayant
point de feu qui n'ait besoin de nourriture pour se conserver,
il est nécessaire qu'il ressemble soit à ce feu dont nous
usons pour nous chauffer et pour cuire nos aliments, soit
à celui qui est renfermé dans le corps des animaux.

41. — « Or, le premier, c'est-à-dire le feu dont se sert
l'industrie des hommes, est destructeur et dévorant ; il
ravage et consume tout ce qu'il rencontre ; le second, au
contraire, est ami du corps ; il est salutaire, il vivifie tous
les animaux, les fait croître, les conserve, met en eux la
sensibilité. » Ainsi le feu du soleil, ajoute Cléanthe, est in-

dubitablement de cette dernière espèce, puisque c'est grâce
à lui que tout fleurit et se développe. Il est donc semblable
à celui qui soutient le corps des êtres animés ; par conséquent, il faut reconnaître que le soleil est animé ; et non
seulement le soleil, mais encore tous les astres, qui naissent
dans ce que nous appelons l'éther ou le ciel.

42. — Puisque, en effet, la terre produit des animaux,
et que l'eau et l'air en produisent également, il serait ridicule, selon Aristote, de s'imaginer qu'il ne s'en forme point
dans la région la plus capable d'en produire, c'est-à-dire dans
celle où résident les astres. Ils sont les habitants de l'éther,
élément plus subtil que tous les autres, dont le mouvement
est continuel, dont la force ne dépérit point, et dans lequel,
par conséquent, l'animal qui y prend naissance doit avoir le
sentiment plus vif et l'activité plus grande que les autres
animaux. Or, c'est là que les astres prennent naissance ; ils
sont donc sensibles et intelligents, et doivent être mis au
rang des dieux.

XVI

Les mouvements les plus réglés et les plus rationnels supposent
    un principe essentiellement raisonnable et libre. Or, le mou-
    vement circulaire des astres est essentiellement rationnel et
    on ne peut le concevoir que comme volontaire. Donc la nature
    des astres est divine.

Nous voyons, en effet, que les personnes qui respirent un
air subtil et pur ont plus d'esprit, plus de pénétration, que
n'en ont celles qui respirent un air épais.

43. — On croit même que la qualité des aliments contribue à la qualité de l'esprit. Il est donc probable que l'entendement des astres est d'un ordre supérieur, puisqu'ils
habitent la région éthérée, où ils ont pour aliment les vapeurs
de la terre et de la mer, subtilisées par ce long trajet qu'elles
ont à faire d'ici au ciel. Mais ce qui prouve surtout qu'il y a
dans les astres du sentiment et de l'intelligence, c'est la constance et l'ordre qui règnent dans leurs mouvements. Car

tout mouvement où l'on découvre une fin et de la justesse suppose un principe intelligent, qui n'agit pas aveuglément, qui ne varie pas, qui ne se livre pas au hasard. Or, le cours des astres suit de toute éternité une règle pleine de raison, et dont la cause doit, par conséquent, se trouver non pas dans la nature, ni dans la fortune, qui, amie du changement, est incompatible avec la constance, mais bien dans leur âme, dans leur divinité.

44. — Aristote a dit avec beaucoup de raison que tout mouvement est ou naturel, ou contraint, ou volontaire. Or, le soleil, la lune et les autres astres ont un mouvement. Mais, si ce mouvement était naturel, il faudrait qu'il se produisît ou de haut en bas sous l'influence de leur pesanteur, ou de bas en haut sous l'influence de leur légèreté ; or, ni l'un ni l'autre de ces mouvements ne convient aux astres, puisqu'ils se meuvent circulairement. D'autre part, on ne saurait dire non plus que leur mouvement soit violent et contre nature : car quelle force pourrait violenter les astres? Reste que ce mouvement soit volontaire. Il suffit donc de les voir pour être contraint d'avouer, sous peine d'ignorance ou d'impiété, qu'il y a des dieux. Et comme, d'autre part, ne rien faire équivaut à n'être pas, il me semble qu'il n'y a guère de différence entre nier l'existence même des dieux et les dépouiller de toute prévoyance et de toute action. L'existence des dieux est donc certaine, et la nier, ce serait renoncer au bon sens.

XVII

Pour saisir la nature de la divinité, il faut détacher son esprit des habitudes des sens. C'est ce que ne font pas les Épicuriens, quand ils dirigent de grossières railleries contre les dieux du Stoïcisme.

45. — Il nous reste à examiner quelle est la nature des dieux. Ici rien de si difficile que de contraindre notre esprit à juger par lui-même, sans s'arrêter à ce que nos yeux lui disent. Cette difficulté a fait que le vulgaire ignorant et

certains philosophes qui affectent de ressembler au vulgaire
n'ont pu songer aux dieux qu'en se les représentant sous une
figure humaine ; sentiment dont Cotta nous a si bien fait
voir la vanité que mon discours n'ajouterait rien à sa démonstration. Mais, puisque l'idée naturelle que nous avons
de Dieu enveloppe incontestablement deux affirmations :
d'abord qu'il est animé ; ensuite, qu'aucune chose, dans la
nature entière, ne peut lui être supérieure, je ne vois rien
de plus conforme à ces notions primitives que d'attribuer
une âme à l'univers, le meilleur de tous les êtres possibles,
et de reconnaître en lui la divinité.

46. — Qu'Épicure là-dessus plaisante tant qu'il lui plaira,
bien qu'il ne sache guère plaisanter et ne rappelle en rien la
saveur de l'esprit athénien ; qu'il déclare tant qu'il voudra
ne pas comprendre ce que c'est qu'*un dieu rond et qui
tourne*, je ne laisserai pas, moi, de me fixer à un principe
qu'il avoue lui-même. Car il faut, selon lui, qu'il y ait une
nature souverainement parfaite ; et c'est là-dessus qu'il se
fonde pour admettre des dieux. Or, il est certain que le
monde est souverainement parfait ; et il ne l'est pas moins
que posséder la vie, le sentiment, la pensée et la raison, c'est
être supérieur à qui ne possède rien de tout cela.

47. — Or, de ces principes il résulte que le monde possède
la vie, le sentiment, la pensée et la raison, et nous avons le
droit d'en conclure qu'il est dieu. Mais cette vérité nous
apparaîtra avec plus d'évidence quand nous aurons considéré les choses mêmes dont le monde est l'auteur.

XVIII

Ignorance d'Épicure en mathématiques. Il prétend qu'il y a plus
de beauté dans le cône, le cylindre et la pyramide, que dans la
sphère. Malgré ses prétentions en physique, il ne comprend
pas que la forme ronde est la seule qui explique l'égalité et la
permanence des mouvements de l'univers.

En attendant, Velléius, croyez-moi, n'étalez point l'ignorance de votre secte. Vous prétendez que le cône, le cylindre

et la pyramide l'emportent en beauté sur la sphère. C'est
avoir d'autres yeux que le reste des hommes. Mais admettons
qu'en effet ces figures soient plus belles pour les yeux.
Ce n'est pas, à vrai dire, mon avis. A ne consulter même
que mes yeux, je ne vois rien de si beau qu'une figure qui
renferme en elle toutes les autres, qui n'a rien d'âpre, de
heurté, d'anguleux, de raboteux, qui ne présente ni creux
ni saillies. Aussi les deux figures les plus estimées, je veux
dire, parmi les solides, le *globe* (c'est ainsi que je crois devoir
traduire σφαῖρα), parmi les plans, le *cercle* ou le *rond*, que
les Grecs appellent κύκλος, sont-elles précisément les seules
dont toutes les parties soient semblables entre elles, et où
le haut et le bas soient également éloignés du centre ; ce qui
me paraît être l'idéal même de la proportion.

48. — Mais enfin, si cela passe vos lumières, parce que
vous n'avez jamais voulu toucher à la savante poussière des
géomètres, n'avez-vous pu, au moins, comprendre, vous qui
êtes physiciens, qu'un mouvement aussi égal, aussi constant que celui de l'univers ne peut se produire que si l'univers a une forme sphérique ? Rien ne marque si peu de
science que d'avancer, comme vous faites, qu'on peut douter
si ce monde est rond ; qu'il pourrait ne l'être pas ; que,
parmi des mondes innombrables, les uns ont une forme, les
autres une autre.

49. — C'est ce qu'Épicure n'eût jamais dit, s'il eût seulement appris ce que font deux et deux ; mais, occupé à juger
de ce qui flattait le plus agréablement son palais, il n'a pas
regardé le *palais* du ciel, ainsi que parle Ennius.

XIX

Les astres errants et les étoiles fixes. La forme ronde explique
d'abord les mouvements du soleil et ceux de la lune.

Puisqu'il y a, en effet, deux sortes d'astres, dont les uns,
décrivant un circuit invariable du levant au couchant, ne
détournent jamais leur marche de la ligne naturelle, tandis
que les autres accomplissent, dans les mêmes régions du

ciel et en repassant toujours par les mêmes chemins, une double et continuelle révolution, on doit conclure de ces deux ordres de faits que le monde tourne sur lui-même, ce qui ne pourrait se concevoir s'il n'avait une forme ronde, et que les mouvements des étoiles sont circulaires. D'abord, le soleil, qui est le premier de tous les astres, se meut de telle sorte qu'il éclaire alternativement une moitié de la terre, pendant qu'il laisse l'autre dans les ténèbres. C'est, en effet, l'ombre même de la terre, quand elle se trouve à l'opposé du soleil, qui fait ce que nous appelons la nuit. La durée de toutes les nuits prises ensemble est égale à la durée de tous les jours d'une année. Le soleil, en s'approchant et en s'éloignant de nous avec mesure, maintient dans des limites tempérées le froid et le chaud. Son circuit annuel est de trois cent soixante-cinq jours, plus le quart d'un jour, à peu près. Comme, pendant cet espace de temps, il se tourne à une époque vers le septentrion, et à une autre vers le midi, cela forme les hivers et les étés, avec les deux saisons intermédiaires dont l'une prolonge la vieillesse de l'hiver et l'autre la vieillesse de l'été. Les différences de température entre ces quatre saisons de l'année nous expliquent la diversité des productions soit de la terre, soit des mers.

50. — Chaque mois la lune fournit la même carrière que le soleil dans une année. Sa partie éclairée nous apparaît d'autant plus amincie que l'astre est plus proche du soleil; et c'est à l'époque du mois où il en est le plus éloigné que nous la voyons dans son plein. Pendant cette révolution de la lune, ce ne sont pas seulement ses phases qui varient, à mesure qu'elle s'accroît progressivement ou qu'elle revient par des dégradations insensibles à son point de départ; c'est aussi la région du ciel qu'elle occupe, tantôt boréale et tantôt australe. Il y a ainsi dans son cours quelque chose qui ressemble au solstice d'hiver et au solstice d'été. En outre, elle contribue fort par les influences qui émanent d'elle à faire que les fruits de la terre parviennent à leur maturité, et que les animaux aient de quoi se nourrir, croître et prendre des forces.

XX

Elle rend compte aussi des révolutions des planètes. Mouvement direct, mouvement rétrograde. La *grande année*. Particularités du cours de chaque planète. Saturne, Jupiter, Mars, Mercure, Vénus.

51. — Mais rien n'est plus digne d'admiration que la marche des cinq étoiles appelées mal à propos *errantes*. Un tel nom ne convient pas à des astres qui, de toute éternité, s'avancent et rétrogradent d'une manière régulière, gardant chacun leur manière de se mouvoir, toujours certaine et déterminée. Or, cette régularité est d'autant plus admirable dans les planètes, que tantôt elles se cachent et tantôt se découvrent ; tantôt s'approchent du soleil et tantôt s'en éloignent ; tantôt le précèdent et tantôt le suivent ; ici vont plus vite, là plus lentement ; quelquefois même ne marchent plus et s'arrêtent pour un peu de temps. C'est à cause de ces mouvements inégaux que les mathématiciens ont appelé *grande année* celle où il arrive que le soleil, la lune et les planètes, après avoir fini chacun leur cours, se retrouvent respectivement dans la même position.

52. — Quelle est la durée de cette longue période cosmique ? Il n'est pas facile de le décider ; mais on peut dire, au moins, que cette durée est quelque chose de fixe et de défini. En effet, la planète de Saturne, que les Grecs appellent Φαίνων, et qui est la plus éloignée de la terre, accomplit sa révolution à peu près dans l'espace de trente ans. Son cours est accompagné de circonstances fort singulières ; car quelquefois elle avance, quelquefois elle retarde ; elle cesse en certains temps de paraître le soir, pour reparaître ensuite le matin, et, régulière dans ses changements, elle suit toujours, depuis des siècles infinis, le même ordre dans chacune de ses révolutions. Au-dessous de cette planète, plus près de la terre, roule l'astre de Jupiter, nommé Φαέθων ; il parcourt le zodiaque en douze ans, et

les apparences qu'il présente sont les mêmes que celles de Saturne.

53. — Dans la sphère qui est immédiatement au-dessous de celle de Jupiter se meut la planète de Mars, qu'on appelle Πυρόεις; elle accomplit le même tour que les deux planètes supérieures en l'espace de vingt-quatre mois, ou, plus exactement, si je ne me trompe, de deux ans moins six jours. Plus bas est Mercure, appelé par les Grecs Στίλβων, qui met un an, ou environ, à parcourir le Zodiaque, et qui ne laisse jamais entre le soleil et lui, soit qu'il le précède, soit qu'il le suive, un intervalle supérieur à l'étendue moyenne d'une constellation. Enfin, la dernière des cinq planètes, et la plus voisine de la terre, c'est celle de Vénus, en grec Φωσφόρος. Avant le lever du soleil, on la nomme l'*Etoile du matin*, et, après son coucher, l'*Etoile du soir*. Il lui faut un an pour achever, comme les autres planètes, le tour du zodiaque et le parcourir en latitude aussi bien qu'en longitude; entre elle et le soleil, soit qu'elle le précède, soit qu'elle le suive, il n'y a jamais plus d'espace que celui de deux signes célestes.

XXI

Les étoiles fixes ne partagent pas le mouvement général de l'éther ou celui d'une sphère à laquelle elles seraient attachées. C'est par elles-mêmes qu'elles se meuvent, et leur mouvement circulaire prouve en elles l'existence d'une raison divine.

54. — Or, nous ne pouvons concevoir dans les astres cette constance de leurs mouvements, cette harmonie qu'ils gardent entre eux dans leurs révolutions si variées, sans leur reconnaître intelligence, raison et sagesse ; mais, si tout cela est sensible dans les astres, il nous est impossible de ne les pas mettre au rang des dieux. Même à l'égard des étoiles qu'on appelle *fixes*, la régularité et la constance de leur mouvement journalier ne prouvent à aucun degré qu'il n'y ait pas en elles raison et sagesse. Il faut se garder de croire, en effet, ou qu'elles partagent le mouvement de

l'éther, ou qu'elles soient attachées au ciel, comme le pensent beaucoup de personnes, ignorantes en physique. L'éther est subtil, transparent, d'une chaleur toujours égale; il ne paraît donc pas propre à emporter les astres dans sa course.

55. — Ainsi, les étoiles fixes ont une sphère propre, distincte et indépendante de l'action de l'éther, et leur course perpétuelle, avec son ordre admirable et son incroyable constance, montre si clairement leur divinité que, pour ne la pas voir, il faut absolument être incapable de rien voir.

56. — Concluons que dans le ciel rien ne marche au hasard et sans dessein; on n'y voit nulle part ni dérèglement ni caprice. Tout y est ordre, vérité, raison, constance. C'est dans les météores qui se meuvent au-dessous de la lune, la dernière de toutes les planètes, ou dans les choses qui se passent sur la terre même qu'on trouve le contraire de ces qualités, c'est-à-dire le mensonge, le désordre et l'erreur. Par conséquent, c'est n'avoir pas soi-même la raison en partage que de la refuser à des astres dont l'ordre et la persévérance sont quelque chose de si merveilleux, et à qui sont entièrement dues la conservation et la vie de tous les êtres.

57. — Il me semble donc que je ne risque pas de me tromper si je prends pour point de départ, dans cette discussion, le sentiment de l'homme qui est allé le plus loin dans l'exploration de la vérité.

XXII

Zénon définit la nature un *feu artiste*. Il y a en elle une âme, et dans cette âme des volontés et des désirs. Elle tend à des fins; elle est intelligente; elle est providence.

Cet homme, c'est Zénon. Il définit la nature, *un feu artiste, qui procède méthodiquement à la génération.* Il croit, en effet, que l'action propre de l'art, c'est de créer et d'engendrer; et que ce que fait la main de nos artisans dans les diverses industries, la nature le fait bien plus habilement encore, puisqu'elle est le feu artiste, maître de tous les autres arts. Et, d'après lui, ce n'est pas seulement la nature en général, c'est aussi toute nature particulière qui est artiste, puisqu'elle suit dans ses créations une ligne droite tracée devant elle.

58. — A l'égard de la nature universelle, qui embrasse toutes les autres, Zénon ne dit pas simplement qu'elle soit *industrieuse*. Mais il dit absolument qu'elle est *l'artiste* chargée de penser et de pourvoir à tout ce qu'il y a d'opportun et d'utile. Et, comme les natures particulières sont toutes formées, accrues et conservées par leurs *raisons séminales*, de même, d'après lui, la nature universelle accomplit tous ses mouvements par des volontés qui lui sont propres, par des désirs et des élans, que les Grecs nomment ὁρμάς, et elle adapte ses actions à ses désirs, comme nous le faisons nous-mêmes sous l'influence de notre âme et de nos sens. Telle est donc l'intelligence de l'univers : et, par conséquent, le nom de *Prévoyance* ou *Providence* (en grec πρόνοια) lui est parfaitement applicable, puisqu'elle prévoit et dispose tout pour que le monde puisse durer, pour qu'il ne manque de rien, et surtout pour qu'il rassemble en lui toutes les beautés, tous les ornements possibles.

XXIII

Il y a donc des dieux (et ce sont les astres), qui ne sont pas oisifs, comme ceux d'Épicure, mais qui règlent leur propre mouvement et veillent à la conservation de tous les autres êtres. Les hommes ont, en outre, divinisé les biens qui leur viennent des dieux, ainsi que toutes les choses dans lesquelles ils ont reconnu une puissance supérieure.

59. — J'ai parlé jusqu'à présent de l'univers en général ; j'ai parlé aussi des astres, et déjà l'on peut voir presque un nombre infini de dieux, qui sont toujours en action, mais sans que leur travail exige d'eux la peine et l'effort. Car ils ne sont pas composés de veines, de nerfs et d'os ; ils ne se nourrissent pas d'aliments ou de breuvages qui puissent mettre en eux des humeurs trop vives ou trop grossières ;

leurs corps n'ont à craindre ni chutes, ni coups, ni maladies provenant de lassitude, ni aucun de ces accidents dont Épicure voulait garantir ses dieux, quand il les a faits *monogrammes* et oisifs.

60. — Au contraire, souverainement beaux, et placés dans la plus pure région du ciel, ils règlent si harmonieusement leurs révolutions qu'on voit bien qu'il y a un accord entre eux pour la conservation et la protection de tout l'univers.

Mais beaucoup d'autres catégories de dieux et de noms divins ont été établies à juste titre par les sages de la Grèce et par nos ancêtres, dans la persuasion où ils étaient que tout ce qui procure une grande utilité aux hommes leur vient d'une bonté divine; et les noms qui furent donnés à ces dieux ont passé ensuite aux biens dont ils ont doté les hommes; par exemple, à ce qu'ils produisent : comme quand nous appelons le blé *Cérès*, et le vin *Bacchus*; d'où ce mot de Térence :

« Sans Bacchus et Cérès, Vénus reste languissante. »

61. — Quelquefois aussi, c'est le nom d'une chose douée de quelque vertu singulière qui devient plus tard un nom de divinité. Ainsi, la Bonne foi, la loyauté, ont été divinisées par M. Emilius Scaurus, quand il leur a dernièrement érigé des temples dans la capitale. La Bonne foi, d'ailleurs, y avait déjà été mise par Atilius Calatinus. Vous avez devant les yeux le temple de la Vertu, et celui de l'Honneur, rétabli par Marcellus, érigé autrefois par Fabius pendant la guerre de Ligurie. Parlerai-je des temples dédiés à l'Abondance, à la Santé, à la Concorde, à la Liberté, à la Victoire, qui sont choses qu'on a déifiées, parce que leurs effets ne sauraient être que ceux d'une puissance divine? C'est ce qui a fait consacrer pareillement les noms de Cupidon, de la Volupté, de Vénus Lubentina, bien que ces noms désignent des choses vicieuses, et regardées à tort par Velléius comme naturelles. Il est vrai, cependant, que les vices mêmes donnent parfois à la nature une puissante impulsion.

62. — On a donc mis au rang des dieux tout ce qui était d'une grande utilité pour le genre humain ; et les noms mêmes que je viens de rapporter montrent quelle est la vertu qu'on attribuait spécialement à chaque divinité.

XXIV

Ils ont également placé dans le ciel les bienfaiteurs de l'humanité. Ils ont enfin mis au rang des dieux les forces et les manifestations de la nature. Un sens symbolique profond se cache sous des fables en apparence impies.

Ce fut, d'ailleurs, une coutume générale, que les hommes qui avaient rendu d'importants services au public fussent placés dans le ciel par la renommée et par la reconnaissance. Ainsi furent déifiés Hercule, Castor, Pollux, Esculape, Bacchus. J'entends le Bacchus, fils de Sémélé, et non pas le fils de Cérès, auquel nos ancêtres ont déféré les honneurs divins, en même temps qu'à Cérès elle-même et à sa fille. Par les livres qui traitent de nos mystères, on voit ce que cela signifie. Comme nous appelons nos enfants *liberi,* on a nommé les enfants de Cérès *Liber* et *Libera,* ce qui subsiste pour *Libera,* mais non pour *Liber.* C'est de la même manière que fut divinisé notre Romulus, identifié par la tradition avec Quirinus. Ces grands hommes méritaient effectivement d'être mis au nombre des dieux, parce que, croyant que leurs âmes subsistaient et jouissaient de l'éternité, il était naturel qu'on les considérât comme des êtres parfaits et immortels.

63. — C'est encore par une autre voie, celle du symbolisme de la nature, que s'est introduite cette grande multitude de dieux qui ont fourni aux poètes tant de fables et jeté dans la vie humaine tant de superstitions. C'est là une matière qui, traitée d'abord par Zénon, a été ensuite plus longuement expliquée par Cléanthe et Chrysippe. Ainsi, la Grèce entière est imbue de cette vieille croyance, que Célus fut mutilé par son fils Saturne, et qu'ensuite Saturne fut enchaîné à son tour par son fils Jupiter.

64. — Il faut cependant avouer que sous ces fables impies se cache un symbolisme physique qui ne manque pas de grâce. On a voulu, en effet, marquer que la nature éthérée et ignée qui occupe les hauteurs du ciel engendre directement tous les êtres par sa propre énergie et qu'elle n'a pas besoin pour cela de l'organe matériel de la procréation.

XXV

Les noms des dieux expriment les différents aspects de la puissance ou de la bonté divine. Saturne ou Cronus. Jupiter.

Quant à Saturne, on a voulu voir en lui l'être qui contient dans son sein tout le développement de l'espace et toute l'évolution du temps. Son nom, en grec, signifie cela; car on l'appelle Κρόνος, qui est le même que Χρόνος, c'est-à-dire *espace de temps.* Ce nom de *Saturne* lui vient de ce qu'il *se sature,* en quelque sorte, des années; et c'est pour cela qu'on a feint qu'il mangeait ses enfants; car le temps, insatiable d'années, les consume à mesure qu'elles s'écoulent. Mais, de peur qu'il n'allât trop vite, Jupiter l'a enchaîné, c'est-à-dire l'a soumis au cours des astres, qui sont comme ses liens. Quant à Jupiter, son nom vient de *juvans pater;* nous disons à l'accusatif *Jovem, a juvando.* Les poètes l'appellent *le père des dieux et des hommes;* nos ancêtres disaient : *le Très bon, le Très grand;* et, comme c'est quelque chose de plus glorieux en soi, et de plus agréable pour les autres, d'être bon que d'être grand, nous voulons que le titre de *Très bon* précède toujours celui de *Très grand.*

65. — Jupiter, au reste, n'est autre que l'éther. Témoin le vers d'Ennius, que j'ai déjà cité :

« Vois cette brillante voûte éthérée, que nous invoquons tous sous le nom de Jupiter; »

avec un autre du même poète :

« Cet être à qui je consacrerai tout ce qui est en moi, c'est la lumière éclatante du ciel. »

Témoin encore la formule de nos augures, qui, pour dire : *le ciel éclairant, le ciel tonnant,* disent : *Jupiter éclairant, Jupiter tonnant;* enfin, ce beau passage d'Euripide, dont la poésie est si nerveuse, et que je choisis entre plusieurs :

« Tu vois cette voûte du ciel, cet éther sans bornes,
» Qui enveloppe la terre d'une molle étreinte;
» Sache que c'est le dieu suprême; appelle-le Jupiter. »

XXVI

Junon. Neptune ou Portunus. Dis ou Pluton. Proserpine. Cérès ou Déméter. Mars ou Mavors. Minerve.

66. — Quant à l'air, qui est répandu entre la mer et le ciel, les Stoïciens, dans leurs spéculations, lui donnent, à cause de sa ressemblance et de ses rapports avec l'éther, le nom de la reine des dieux, Junon, sœur et femme de Jupiter. Ainsi, ils ont féminisé l'air, et ils en ont fait l'attribut de Junon, parce qu'il n'y a rien de plus mou que cet élément ; mais le nom même de *Juno* a été, je crois, formé de *juvare.* Quant à l'air et à l'eau, il fallait aussi les attribuer à des divinités, afin qu'il y eût, comme dans la fable, trois royaumes séparés. On a donc donné tout l'empire des mers à un des deux frères de Jupiter, qu'on a appelé *Neptune,* du mot *nager,* en changeant quelques lettres, comme on l'a appelé aussi *Portunus,* de *portus.* Pour la terre, on en a fait le partage d'un dieu à qui nous donnons, aussi bien que les Grecs, un nom qui marque ses richesses : *Dis* en latin, Πλούτων en grec, parce que tout vient de la terre et y retourne. On veut qu'il ait eu pour épouse Proserpine, dont le nom est emprunté aux Grecs. Ils l'appellent Περσεφόνη et ils personnifient en elle la semence des blés, cachée dans le sein de la terre.

67. — Quant à Cérès, mère de Proserpine, que la légende montre cherchant partout sa fille, son nom est une altération de *Gérès,* qui vient de *gerere,* parce qu'elle préside à la récolte des productions de la terre. Nous changeons la première lettre de son nom, comme les Grecs ont changé

2.

Γημήτηρ en Δημήτηρ. De même, le nom de *Mavors* ou Mars vient de *qui magna vorteret*, et celui de *Minerve*, de *quæ minueret* ou *quæ minaretur*.

XXVII

Janus. Vesta ou Hestia. Les Pénates. Apollon. Diane. Vénus.

Maintenant, comme en toutes choses c'est le commencement et la fin qui ont la plus grande importance, on a voulu que *Janus* fût invoqué le premier dans nos sacrifices. Son nom, en effet, est tiré du mot *eundo*, et c'est pour cela qu'on a nommé les passages *Jani* et les portes d'entrée des édifices profanes *Januæ*. Quant au nom de *Vesta*, il vient des Grecs, qui appellent cette divinité Ἑστία. Elle passe pour la déesse tutélaire des autels et des foyers ; et, comme elle est la gardienne de ce qu'il y a de plus intime dans nos demeures, c'est en l'invoquant qu'on termine toutes les prières et tous les sacrifices.

68. — Le ministère des dieux Pénates est à peu près le même : on les appelle ainsi de *penus*, qui désigne tous les objets dont les hommes se nourrissent, ou de *penitus*, parce que ces dieux occupent le fond de nos demeures : d'où encore le nom de *penetrales*, que leur donnent les poètes. Pour Apollon, son nom est grec ; on croit que ce dieu est la même chose que le soleil, comme Diane est la même chose que la lune. Le soleil, dit-on, est ainsi nommé, ou parce qu'il est *seul* de sa grandeur entre tous les autres astres, ou parce qu'aussitôt levé, il rejette dans l'ombre tous les autres, et se montre *seul*. La lune tire son nom de *lucendo ;* on l'appelle aussi *Lucine*. Chez les Grecs, les femmes en couche invoquaient Diane sous le nom de *Lucifera*. Ici elles invoquent de même Junon *Lucine*. Cette même Diane est appelée *Omnivaga*, non parce qu'elle est la déesse de la chasse, mais parce qu'elle fait partie des sept corps célestes qu'on regarde comme astres errants.

69. — Elle tire son nom de *Diane* de ce qu'elle fait pour ainsi dire de la nuit le jour. On l'invoque aussi dans les

couches, à cause que les enfants viennent au jour après sept ou, plus ordinairement, neuf de ces révolutions lunaires qu'on appelle « mois », parce qu'elles représentent l'espace que la lune parcourt dans le ciel. C'est ce qui a donné lieu à une jolie pensée de Timée. Après avoir raconté, dans son histoire, que le temple de la Diane d'Éphèse fut incendié pendant la nuit même où Alexandre vint au monde, il ajoute qu'en cela il n'y avait rien d'étonnant, parce que Diane, ayant voulu se trouver aux couches d'Olympias, était absente de chez elle pendant l'incendie de son temple. Quant à Vénus, nos pères l'ont ainsi appelée parce qu'elle est la déesse qui *vient* animer tous les êtres, et *vénusté* dérive de *Vénus*, plutôt que *Vénus* de *vénusté*.

XXVIII

C'est en s'appuyant sur des allégories purement physiques que l'anthropomorphisme a dépeint les dieux avec les passions, les faiblesses et les misères des hommes. Sous la diversité de ces dieux le sage reconnaît l'unité du principe divin qui est répandu dans la nature tout entière, et il sépare ainsi la religion de la superstition.

70. — Remarquez-vous à présent par quelle pente la raison humaine a glissé de la connaissance des choses naturelles, utilement et sagement découvertes, à la création des divinités factices et mensongères ? Voilà ce qui a fait naître de fausses opinions, des erreurs pernicieuses, des superstitions pitoyables. On a décrit les formes de ces dieux, leur âge, leurs habillements, leurs ornements ; on a raconté leurs généalogies, leurs mariages, leurs alliances ; on a réduit tous ces symboles physiques au niveau de la faiblesse humaine. On a dépeint ces dieux avec des passions ; on les a montrés amoureux, chagrins, colères. On leur a attribué même des guerres et des combats, non seulement lorsque, partagés entre deux armées ennemies, comme l'a conté Homère, les uns étaient pour celle-ci, les autres pour celle-là ; mais encore quand ils ont pris les armes pour leur propre défense, contre les Titans, contre les géants. Il y a

bien de la folie à débiter et à croire des fictions si vaines
et si mal fondées.

71. — Mais cependant, lorsqu'on a rejeté ces fables avec
mépris, on peut reconnaître un Dieu répandu dans toutes
les parties de la nature, dans la terre sous le nom de *Cérès*,
dans la mer sous le nom de *Neptune*, ailleurs sous d'autres
noms ; et, se rendant compte alors de la nature de ces divinités, ainsi que des raisons qui les ont fait nommer si
diversement, on a le devoir de les respecter et de les honorer
sous ces différents noms. Ainsi le culte des dieux est une
chose très bonne, très sainte, toute pleine d'innocence et
de piété, à la condition que nous les invoquions toujours
avec une inviolable pureté de cœur et de bouche ; car ce ne
sont pas seulement les philosophes, mais tout aussi bien
nos pères qui ont séparé nettement la superstition d'avec la
religion.

72. — En effet, ceux qui passaient toute la journée en
prières, en sacrifices, pour obtenir que leurs enfants leur
survécussent, furent appelés *superstitieux ;* et, depuis, on a
donné à ce mot un sens plus étendu. Ceux, au contraire,
qui se montraient exacts à remplir tous les devoirs qui ont
rapport au culte divin, paraissant y revenir souvent et, en
quelque sorte, les *relire*, ont été appelés *religieux*, du mot
relegere, comme on a formé *élégant* de *eligere*, *diligent* de
diligere, et *intelligent* de *intelligere*. Dans tous ces mots,
en effet, on retrouve ce même sens de *choisir* ou de *lire*, qui
est aussi dans le mot *religieux*. Ainsi ont été créés les deux
mots *superstition* et *religion*, l'un exprimant un défaut, et
l'autre une vertu. Mais je crois en avoir dit assez sur
l'existence et sur la nature des dieux.

XXIX

Quand les Épicuriens entendent parler de la Providence, ils se
figurent qu'il s'agit d'une déité spéciale. C'est une erreur. En
disant : *la Providence,* on entend la Providence *des dieux.*

73. — Il faut maintenant établir que ces dieux gouvernent
le monde par leur providence. Question bien importante,

mon cher Cotta, et souvent agitée par les philosophes de votre école. A vrai dire, c'est contre eux seuls que je vais avoir à débattre. Car votre secte, Velléius, ne se préoccupe guère des opinions étrangères. Vous ne lisez, vous ne goûtez parmi vous que vos propres livres. Vous condamnez sans connaissance de cause tout ce qui vient d'ailleurs. Ainsi, par exemple, vous disiez hier que la Providence, la Πρόνοια, n'est qu'une *vieille devineresse*, inventée par les Stoïciens ; vous étiez dupe de ce préjugé que nous faisons de la Providence une divinité spéciale, ayant pour fonction de régir et de gouverner l'univers. Mais, quand nous faisons usage de ce terme, c'est pour nous une expression elliptique.

74. — De même que, quand on dit de la république des Athéniens qu'elle est gouvernée par le *Conseil*, on sous-entend *de l'Aréopage*, de même, quand nous déclarons que le monde est administré par la *Providence*, nous sous-entendons à dessein *des dieux*. Disons donc sans restriction et sans ambage que le monde est gouverné par *la Provi-dence des dieux*. Ainsi, croyez-moi, ne dépensez pas, en voulant rire à nos dépens, une ironie qui, d'ailleurs, fait défaut à votre secte ; n'en faites pas même l'essai. Cela ne vous convient pas ; vous n'en avez pas le droit ; vous n'en êtes pas capables. Je ne dis pas cela pour vous, qui joignez à une noble éducation la politesse que donne le séjour de notre ville ; mais je le dis pour votre secte en général, et nommément pour votre chef, homme gros-sier, sans éducation, qui insulte toute la terre, qui n'a aucune finesse d'esprit, aucune autorité, aucune déli-catesse.

XXX

Cette providence a établi dès l'origine et elle maintient perpétuelle-ment l'ordre de l'univers. On le démontre de trois manières. Le premier argument se tire de l'existence même des dieux. S'il y a des dieux, c'est nécessairement leur sagesse qui gouverne le monde. Les dieux ne peuvent être dominés par une force brute ou par une nécessité. S'ils ne gouvernaient pas l'univers, ce serait ou par ignorance ou par impuissance. L'une et l'autre hypothèse est absurde.

75. — Je soutiens donc que le monde, avec toutes ses parties, a été formé dès le commencement et gouverné sans interruption par la providence des dieux. C'est une thèse que nos Stoïciens fondent en général sur trois raisons. La première, c'est que, l'existence des dieux étant une fois reconnue, il s'ensuit nécessairement que le monde est réglé par leur sagesse. La seconde, c'est que, les êtres qui remplissent l'univers étant soumis à une nature douée de sentiment, qui dispose tout pour le mieux, il faut bien que les principes d'où ces êtres dérivent soient des principes animés. La troisième enfin se tire des merveilles que le ciel et la terre présentent à nos yeux.

76. — Je dis d'abord qu'il faut de deux choses l'une : ou bien nier l'existence des dieux, comme la nient en quelque sorte Démocrite et Epicure par leur doctrine des *simulacres* et des *images ;* ou bien, si l'on reconnaît qu'il y a des dieux, croire qu'ils font quelque chose, et que ce qu'ils font est excellent. Or, rien n'est si excellent que la manière dont le monde est gouverné. Donc, c'est la sagesse des dieux qui gouverne le monde. Si on rejetait ce dilemme, il faudrait imaginer quelque cause supérieure aux dieux, soit une nature inanimée, soit une nécessité soumise à une loi inflexible et lui attribuer ces merveilleux ouvrages dont nos yeux sont frappés.

77. — Mais la nature des dieux ne serait ni souveraine ni excellente, si on la soumettait à une nécessité ou à une nature, par qui on ferait gouverner le ciel, la terre, les mers. Or, rien n'est supérieur à la divinité. Donc, c'est nécessairement la divinité qui gouverne le monde. Ainsi les dieux ne sont soumis à rien, n'obéissent à rien. Ils gouvernent, au contraire, toute la nature. Si, en effet, nous leur accordons l'intelligence, il faut bien que nous leur accordions aussi la prévoyance, et une prévoyance qui embrasse les choses les plus importantes. Car peut-on les soup-

çonner ou de ne pas savoir quelles sont les choses importantes, et comment elles doivent être maniées et gouvernées,
ou de n'avoir pas les forces nécessaires pour soutenir un si
grand poids ? Mais l'ignorance est étrangère à l'essence de
la divinité, et une difficulté d'accomplir leur tâche qui ré-
sulterait de la faiblesse n'est pas compatible non plus avec
leur majesté. Concluons donc que c'est la providence des
dieux qui gouverne l'univers.

XXXI

La raison est commune aux hommes et aux dieux ; mais les
hommes ne peuvent la posséder, et avec elle la sagesse, la bonne
foi, la vertu, que parce que les dieux possèdent d'abord toutes
ces choses, et à un degré éminent.

78. — Ainsi, puisque les dieux existent (et il n'est pas
possible de nier leur existence), c'est une nécessité qu'ils
soient animés, et non seulement animés, mais raisonnables,
et qu'étant unis les uns les autres par une sorte de communauté et de société civiles, ils donnent l'unité au monde et
le gouvernent comme une république, comme une cité
qui leur serait commune à tous.

79. — Il résulte de là que cette même raison, cette même
vérité, cette même loi, qui ordonne le bien et défend le mal,
se retrouvent dans les dieux aussi bien que dans les hommes.
C'est d'eux, par conséquent, que nous viennent la prudence
et l'intelligence ; et voilà pourquoi nos pères ont érigé et
publiquement consacré des temples à l'Intelligence, à la Foi,
à la Vertu, à la Concorde. Les refuserons-nous aux dieux,
ces qualités dont nous vénérons les augustes images, les
symboles sacrés ? D'où peuvent-elles être descendues sur la
terre, si elles n'ont pas leur source dans le ciel ? Puisque les
hommes ont en partage la réflexion, la raison et la prudence, les dieux ont sans doute les mêmes perfections, mais
ils les ont à un plus haut degré ; et il ne suffit pas de dire
qu'ils les possèdent ; on doit ajouter qu'ils les font servir à
ce qu'il y a de plus grand et de meilleur. Or, le monde est

ce qu'il y a de meilleur et de plus grand. Il est donc gouverné par la sagesse et la providence des dieux.

80. — Enfin, pour se convaincre qu'il y a une sagesse et une prévoyance divines, il suffit d'avoir bien établi que les dieux sont vraiment ces astres si lumineux et si puissants dont la vue nous frappe d'admiration ; je veux dire : le soleil, la lune, les étoiles ou errantes ou fixes, le ciel et le monde lui-même, avec tant de choses qu'il renferme, toutes utiles et précieuses pour le genre humain. Mais c'est assez insister sur la première de nos preuves.

XXXII

Le second argument, c'est que le sentiment et la vie sont partout dans la nature. Elle n'est pas une force irrationnelle, mais un souverain artiste. Elle ne consiste pas dans les corps, le vide et leurs accidents, mais dans un principe vivant de cohésion, de beauté et d'ordre.

Pour traiter la seconde, faisons voir que tout est soumis à la nature, et parfaitement gouverné par elle. Mais d'abord il est à propos d'expliquer avec précision ce que c'est que *la nature,* afin que l'on entre plus aisément dans notre pensée. Quelques-uns prétendent que la nature est une certaine force aveugle, qui excite dans les corps des mouvements nécessaires ; d'autres, que c'est une force intelligente qui a de l'ordre, qui observe une méthode, qui se propose une fin en tout ce qu'elle fait, qui tend à cette fin, et dont les ouvrages marquent une adresse que l'art le plus ingénieux, que la main la plus habile, que l'industrie la plus ingénieuse ne saurait imiter. Car, disent-ils, la vertu de la semence est telle, que, malgré la petitesse de son volume, si elle tombe dans le lieu destiné à la recevoir, et qu'elle y rencontre une matière qui lui serve d'aliment et lui donne les moyens de croître, elle forme, elle produit différents êtres suivant leur espèce : soit des plantes, qui ne sont capables que de se nourrir ; soit des animaux, qui ont de plus que les plantes le mouvement, la sensation, l'appétit, la faculté de produire d'eux-mêmes leurs semblables.

82. — Il y a des philosophes qui donnent à toutes choses le nom de *nature*; tel Épicure, qui reconnaît trois espèces de natures : les atomes, le vide et leurs accidents. Mais nous, quand nous disons que la nature forme le monde et le gouverne, nous n'entendons pas qu'il y ait une *nature* dans un morceau de pierre ou quelque corps semblable, dont les parties n'ont point de liaison nécessaire les unes avec les autres, mais seulement dans un arbre, dans un animal, où rien n'est livré au hasard, mais dont les parties sont dans un ordre qui tient de l'art.

XXXIII

L'univers est un vaste organisme que la nature pénètre et vivifie. Continuité de la nature ; échange perpétuel entre les éléments. Harmonies et sympathies entre tous les êtres.

83. — Que si les plantes, attachées à la terre par leurs racines, vivent et croissent par l'art de la nature, à plus forte raison la terre elle-même doit-elle sa vie à l'art et à l'énergie de la nature, elle qui contient d'abord dans son sein, puis enfante et produit toutes les semences, nourrit et développe toutes sortes de tiges, et est, à son tour, nourrie par les éléments qui la dominent ou qui l'entourent. D'autre part, c'est par ses vapeurs qu'elle fournit l'élément nécessaire à l'entretien de l'air, de l'éther, de tous les corps supérieurs. Si donc c'est à la nature que la terre doit sa cohésion et sa vigueur, il faut que cette même nature agisse aussi dans les autres éléments du monde. Car l'air fait vivre les animaux, comme la terre fait vivre les plantes. L'air voit avec nous, entend avec nous, forme des sons avec nous, puisque sans lui nous ne pouvons faire rien de tout cela. Bien plus ; il se meut avec nous. Nous ne pouvons aller nulle part, nous ne pouvons faire un mouvement, qu'il ne semble se retirer pour nous faire place.

84. — Tout dans le monde, et ce qui tombe au centre, et ce qui s'élève du centre en haut, et ce qui tourne autour du centre, tout ne forme qu'une seule nature, sans aucune di-

vision. Et, comme il y a quatre sortes de corps, c'est leur transformation indéfinie des uns dans les autres qui fait la continuité de la nature. Car l'eau se crée de la terre, l'air de l'eau, le feu de l'air ; et après, en rétrogradant, du feu se forme l'air, de l'air l'eau, et de l'eau la terre, celui des quatre éléments qui occupe dans la nature la place la plus basse. Ainsi, l'union des parties de l'univers est constituée par la circulation perpétuelle de ces quatre éléments dont tout est formé et qui passent sans cesse de bas en haut, de droite à gauche.

85. — Cette cohésion de l'univers, avec la beauté que nous lui voyons, doit subsister soit à jamais, soit, du moins, pendant un temps fort long et presque infini. Choisissez l'une ou l'autre alternative, toujours s'ensuit-il que le monde est gouverné par la nature. On trouve, en effet, qu'il y a de l'art dans l'ordonnance d'une flotte ou d'une armée ; et, pour faire entrer ici en ligne de compte certains ouvrages de la nature, on en trouve aussi dans la production de la vigne ou dans celle de l'arbre, dans l'organisation des animaux, dans la conformation de leurs membres. Pourquoi donc n'en pas trouver à bien plus forte raison dans l'arrangement général de l'univers ? A moins de nier absolument que quelque chose dans la nature soit l'œuvre d'une activité plastique et vivante, c'est le monde lui-même qu'il faut expliquer tout d'abord par cette activité.

86. — Car enfin, puisque le monde renferme tous les êtres particuliers, aussi bien que leurs semences, peut-on dire qu'il n'est pas gouverné lui-même par une nature plastique ? Ce serait dire que les dents et le poil de l'homme sont l'ouvrage de la nature, mais que l'homme lui-même ne l'est pas. Ce serait ne pas comprendre qu'une activité qui produit hors d'elle quelque chose est supérieure en essence à ce qu'elle produit.

XXXIV

La nature fait tout pour le mieux ; elle tire des éléments tout ce qu'ils peuvent fournir de beauté et d'utilité. Ses ouvrages sont plus achevés que ceux de l'art. Si donc l'œuvre d'art manifeste l'intelligence de l'artiste, à bien plus forte raison l'ordre de l'univers manifeste la providence de la nature.

Le monde est le principe qui sème et fait germer, qui enfante, pour ainsi dire, élève et nourrit tous les êtres sur lesquels s'étend la tutelle de la nature, qui les conserve comme ses propres membres, comme ses parties constituantes. Si donc les parties de l'univers sont administrées par la nature, il faut que l'univers dans son ensemble le soit aussi. Il n'y a rien, en effet, qui laisse à désirer dans le gouvernement du monde, le meilleur parti possible ayant été tiré des éléments qui existaient.

87. — Si quelqu'un en doute, qu'il nous montre comment la nature aurait pu mieux faire. Mais c'est ce que personne ne montrera jamais ; et qui voudrait toucher à cet ouvrage ferait pis, ou regretterait ce qui n'a pas été possible. Toutes les parties de l'univers étant donc si bien formées qu'il ne peut rien y avoir de mieux proportionné à nos usages ni de plus beau pour les yeux, voyons si cela est l'effet du hasard, ou bien si c'est une combinaison qui soit manifestement l'œuvre d'une sagesse et d'une prévoyance divines. On ne doit pas croire que la raison manque à la nature, s'il est vrai que l'art ne fasse rien sans le secours de la raison, et que les ouvrages de la nature soient cependant plus achevés que ceux de l'art. Jetez-vous les yeux sur un tableau, sur une statue ? Vous comprenez que l'ouvrier y a mis la main. Regardez-vous de loin voguer un navire ? Vous jugez que l'art du pilote dirige son cours. Voyez-vous un cadran, une horloge d'eau ? Vous croyez que les heures y sont marquées artificiellement, et non par hasard. Pouvez-vous donc vous imaginer que le monde, qui comprend à la fois les arts et les artisans, qui, en un mot, contient tout, ne participe point à l'intelligence et à la raison ?

88. — Si l'on portait en Scythie ou en Bretagne cette sphère qui a été dernièrement construite par notre cher Posidonius, et qui marque par des mouvements distincts le cours du soleil, de la lune et des cinq planètes, tel qu'il

se fait chaque jour et chaque nuit dans le ciel, y aurait-il personne qui, même parmi ces barbares, pût mettre en doute que ce travail soit l'ouvrage de la raison?

XXXV

Allégorie poétique du berger et du vaisseau des Argonautes. Après n'avoir aperçu d'abord que le mécanisme de la nature, les philosophes doivent enfin reconnaître à des signes plus certains l'intelligence et la finalité.

Et nous voyons cependant des hommes qui doutent si l'univers, principe de toutes choses, n'est point l'effet du hasard ou d'une aveugle nécessité, plutôt que l'ouvrage d'une intelligence divine. Ils en viennent à se demander si Archimède n'a pas montré plus de savoir en représentant le globe céleste que la nature en le faisant, et ils ne veulent pas comprendre qu'il y a infiniment plus de perfection dans l'original que dans la copie.

89. — Ainsi, dans Attius, un berger, qui de sa vie n'avait vu aucun navire, dès qu'il aperçoit du haut d'une montagne le divin vaisseau des Argonautes, objet nouveau pour lui, est d'abord frappé d'étonnement et de terreur, et s'exprime en ces termes :

« Ainsi la masse gigantesque glisse sur les eaux,
» Faisant entendre, de la haute mer, un sourd frémissement, formé du bruit de ses rames, du souffle du vent dans ses voiles :
» Elle chasse les ondes devant elle et soulève de violents tourbillons ;
» Elle s'enfonce dans les vagues, puis refoule la mer et la rejette autour d'elle en écume.
» On croit entendre soit le grondement d'un nuage sillonné par l'éclair,
» Soit la chute d'un fier rocher abattu par les vents ou les tempêtes,
» Soit de rapides tourbillons, soulevés par le choc furieux des flots.
» On se demande si c'est le Dieu de la mer qui met la terre en débris,
» Ou si Triton, détruisant les cavernes d'un coup de son trident,
» Les précipite avec fracas dans la mer bouillonnante,
» Et lance vers le ciel une masse de rochers. »

Il se demande donc d'abord quel est cet objet inconnu qu'il a sous les yeux : mais ensuite, quand il a vu les jeunes gens et entendu le chant marin, il s'écrie :

« Tel est le murmure que fait entendre une troupe de dauphins, agiles et joyeux ; »

ou encore :

« Il fait entendre à mes oreilles un chant délicieux, semblable à ceux de la flûte de Silvain. »

90. — Ainsi, au premier coup d'œil, ce berger croit voir dans le navire Argo quelque chose d'inanimé et d'insensible ; mais ensuite, sur des indices plus forts, il commence à se rendre un compte plus exact de ce qui l'a d'abord étonné. De même, si des philosophes ont été d'abord surpris à l'aspect de l'univers, ils ont dû ensuite, après en avoir bien considéré les mouvements réguliers, uniformes et immuables, concevoir que non seulement le ciel n'est pas sans quelques habitants, mais qu'il y a en lui un maître, un gouverneur, qui est comme l'architecte du superbe ouvrage que nous voyons.

XXXVI

Coup d'œil sur l'ensemble de la nature. La terre, l'air, l'éther, le soleil et les autres astres.

Mais non ! au lieu d'en venir là, ils semblent ne pas même soupçonner tout ce qu'il y a de merveilleux dans les choses célestes et terrestres.

91. — D'abord nous voyons la terre, située au centre du monde, et partout environnée de l'air que nous respirons (le mot de notre langue, *aer*, est originairement grec ; mais l'usage nous l'a rendu familier). L'air est environné, à son tour, du vaste éther, qui est composé des feux les plus élevés. (Nous empruntons aussi à la langue grecque cet autre mot, quoique Pacuvius ait cru devoir l'interpréter :

« Ce dont je parle, nous l'appelons le ciel ; les Grecs le nomment l'éther. »

Comme si ce n'était pas un Grec qui parlât ! Il parle latin ;

dira-t-on. Soit ! mais nous supposons qu'il parle grec. Pacuvius lui-même l'entend ainsi dans un autre passage :

« Le langage de cet homme me montre qu'il est de race grecque. »

Mais revenons à des choses plus sérieuses.)

92. — Une infinité d'astres naissent donc de l'éther. Au premier rang parmi eux est le soleil, dont la vive lumière se répand partout, et dont la grandeur l'emporte de beaucoup sur celle de toute la terre. Après lui viennent les autres astres, tous d'une grandeur immense. Or, leurs feux, si puissants et si nombreux, ne nuisent en rien à la terre et aux choses terrestres ; mais leur utilité est si bien réglée que, s'ils venaient à s'approcher de nous, la terre ne connaîtrait plus les saisons tempérées, et tout s'embraserait à sa surface.

XXXVII

Il est impossible d'expliquer leur existence par le concours fortuit des atomes. Autant dire que les lettres de l'alphabet, jetées au hasard, pourraient former les *Annales* d'Ennius. Citation d'un passage d'Aristote.

93. — Ici ne dois-je pas m'étonner qu'il y ait un homme capable de se persuader à lui-même que certains corps solides et indivisibles se meuvent spontanément par leur poids naturel, et que le monde, avec toute sa beauté et toute sa splendeur, a pu résulter de leur concours fortuit? Quiconque croit cela possible, pourquoi ne croit-il pas que, si l'on jetait à terre quantité de caractères d'or, ou de quelque matière que ce fût, qui représentassent les vingt et une lettres, ils pourraient tomber arrangés dans un tel ordre, qu'ils formeraient lisiblement les *Annales* d'Ennius ? Et cependant je doute si le hasard réussirait à former ainsi un seul vers.

94. — Comment donc ces gens-là osent-ils assurer que des corpuscules, qui n'ont point de couleur, qui ne présentent

aucune qualité (pour traduire exactement le mot ποιότητα), qui ne sont point doués de sentiment, qui ne font que se rencontrer au gré du hasard, ont été capables de produire ce monde-ci, ou plutôt en produisent à tout moment d'innombrables, dont les uns naissent et dont les autres meurent ? Quoi, si le concours des atomes pouvait faire un monde, ne pourrait-il pas tout aussi bien faire des choses beaucoup plus aisées, un portique, un temple, une maison, une ville ? Je crois, en vérité, que des gens qui parlent si peu sensément de ce monde n'ont jamais ouvert les yeux pour contempler, par exemple, ces magnificences célestes, dont je vais traiter dans un moment.

95. — Aristote dit très bien : « Supposons des hommes qui auraient toujours habité sous terre dans de belles et grandes maisons, ornées de statues et de tableaux, fournies de tout ce qui abonde chez ceux que l'on croit heureux ; supposons qu'ils ne seraient jamais sortis de là pour monter sur la surface de la terre, mais que, néanmoins, ils auraient entendu parler de la puissance et de la majesté des dieux ; si, tout d'un coup, la terre venant à s'ouvrir, ils pouvaient quitter leur séjour ténébreux pour venir demeurer avec nous, que penseraient-ils en découvrant la terre, les mers, le ciel ? en considérant l'étendue des nuées, la violence des vents ? en jetant les yeux sur le soleil ? en observant sa grandeur, sa beauté, l'effusion de sa lumière qui éclaire tout ? Et quand la nuit aurait obscurci la terre, que diraient-ils en contemplant le ciel tout parsemé d'astres différents ? en remarquant les variétés surprenantes de la lune, son croissant, son décours ? en observant enfin le lever et le coucher de tous ces astres, et la régularité inviolable de leurs mouvements ? Pourraient-ils douter qu'il y ait vraiment des dieux, et que ce soit là leur ouvrage ! »

XXXVIII

Commentaire de ce passage. C'est l'accoutumance qui affaiblit pour nous l'impression de l'ordre et de la beauté des choses. Si nous pouvions les découvrir tout à coup au sortir d'épaisses ténèbres, semblables à celle de l'Etna, nous ne méconnaîtrions pas qu'elles soient l'œuvre non seulement d'une intelligence, mais même d'une souveraine et divine raison.

96. — Ainsi parle Aristote. Figurons-nous pareillement d'épaisses ténèbres, semblables à celles dont le mont Etna, par l'éruption de ses flammes, couvrit tellement ses environs, que l'on fut deux jours, dit-on, sans pouvoir se connaître les uns les autres, et que, le troisième jour, le soleil ayant reparu, on se croyait ressuscité. Figurons-nous, dis-je, qu'au sortir d'une éternelle nuit, il nous arrive de voir la lumière pour la première fois. Quelle impression ne ferait pas sur nous la vue du ciel? Mais, comme nous le voyons tous les jours, nos esprits n'en sont plus frappés, et ils ne s'embarrassent point de rechercher les raisons de choses que nous avons sans cesse devant les yeux. Comme si c'était la nouveauté, plutôt que la grandeur des choses, qui dût exciter notre curiosité et nous porter à la recherche des causes!

97. — Est-ce donc être homme que d'attribuer non à une cause intelligente, mais au hasard, les mouvements si réglés du ciel, le cours si régulier des astres, et tant d'autres choses si bien proportionnées et conduites avec tant de raison que notre raison se perd à les vouloir approfondir? Quand nous voyons des machines qui se meuvent artificiellement, une sphère, une horloge, et autres objets semblables, nous ne doutons pas que l'esprit ait eu part à ce travail. Comment donc pouvons-nous douter que le monde soit dirigé, je ne dis pas simplement par une intelligence, mais par une excellente et divine intelligence, quand nous voyons le ciel se mouvoir avec une prodigieuse vitesse, et faire succéder annuellement les unes aux autres les diverses saisons, qui vivifient et qui conservent tout?

98. — Laissant donc de côté toute discussion subtile, nous pouvons maintenant repaître nos yeux du spectacle de ces belles choses, dont nous rapportons l'établissement à une divine providence.

XXXIX

Le troisième argument se tire du spectacle des merveilles de la
nature. Description poétique des beautés de la terre, des splendeurs de la mer, des mouvements et des transformations de
l'air.

Et d'abord, embrassons d'un coup d'œil d'ensemble la
terre, qui est placée au centre du monde ; elle est formée
d'une masse compacte et sphérique, ramassée sur elle-même
par la gravitation de toutes ses parties ; elle est couverte
d'une parure de fleurs, d'herbes, d'arbres, de fruits ; le tout
dans une incroyable quantité, dans une variété inépuisable.
Considérons les fontaines toujours coulantes et fraîches, les
eaux transparentes des rivières, la verdure de leurs bords,
la profondeur des cavernes, l'âpreté des rochers, la hauteur
des monts escarpés, l'immense étendue des plaines ; enfin,
après tout cela, les veines d'or et d'argent cachées dans les
entrailles de la terre et le vaste développement des carrières
de marbre.

99. — D'autre part, quelle immense quantité d'animaux,
privés ou sauvages ! Que de merveilles dans le vol et dans
le chant des oiseaux, dans l'immensité des pâturages et dans
la luxuriance des forêts, qui nourrissent tant de bêtes ! Que
dirai-je des hommes, qui, chargés comme par une mission
de la nature de cultiver la terre, ne souffrent pas que sa
fertilité soit étouffée par les épines, ni que la férocité des
bêtes en fasse un désert, et qui, par la diversité des maisons
et des villes qu'ils construisent de toutes parts, embellissent
les campagnes, les îles et les rivages ? Si l'on pouvait réunir
tous ces objets sous le regard des yeux comme sous l'intuition de l'esprit, personne, à ce spectacle, ne douterait s'il
y a une Intelligence divine.

100. — Et la mer, quelle n'est pas sa beauté ! Qu'il y a
de plaisir à l'embrasser dans toute son étendue ; à contempler
la multitude et la variété de ses îles ainsi que le charme de
ses rivages ! Combien elle renferme d'animaux ! Et que leurs

espèces sont différentes ! Les uns sont· enfoncés dans ses
profondeurs, d'autres nagent à la surface, d'autres tiennent
par leurs écailles contre ses rochers. Et, si on la considère
elle-même, on la voit baigner si mollement et si amoureu-
sement le rivage, que les deux éléments paraissent n'en
faire qu'un.

101. — Immédiatement au-dessus de la mer, nous
trouvons l'air, tantôt éclairé par le jour, tantôt obscurci par
la nuit. Raréfié, il gagne la haute région ; condensé, il devient nuage, et, avec l'eau qu'il recueille, il fertilise la terre
par des pluies. C'est son agitation qui produit les vents. Il
cause, suivant les diverses saisons, le chaud et le froid. Il
soutient les oiseaux quand ils volent. Attiré par la respiration, il nourrit et conserve les animaux.

XL

L'éther et les astres. Grandeur et mouvements du soleil et de la
lune. Eclipses. Planètes et étoiles fixes.

Reste le dernier élément et le plus élevé au-dessus de
la demeure des hommes. C'est le ciel ou *éther*, dont la
vaste étendue enveloppe et relie toutes choses. C'est l'extrémité, la borne de l'univers. C'est en lui que les astres
accomplissent leurs révolutions avec une si merveilleuse
régularité.

102. — Parmi ces astres, le soleil, dont la grandeur surpasse de beaucoup celle de la terre, roule néanmoins autour
de la terre même. Son lever et son coucher font le jour et
la nuit. Deux fois par an, il va d'un tropique à l'autre, tour
à tour s'approchant, puis s'éloignant de nous. Pendant
qu'il s'éloigne, la terre paraît comme serrée de tristesse ;
son retour semble lui ramener une joie qu'elle partage avec
le ciel.

103. — Quant à la lune, qui est, comme les mathématiciens le démontrent, plus grande que la moitié de la terre,
elle accomplit sa révolution dans le zodiaque, aussi bien que
le soleil. Toute la lumière qu'elle communique à la terre,

elle l'emprunte de lui ; mais, suivant qu'elle s'en trouve plus ou moins éloignée, sa lumière augmente ou diminue et se présente à nous sous des formes variées. Quand elle se place directement entre nous et le soleil, elle lui enlève sa lumière et ses rayons, et alors elle projette elle-même son ombre sur notre globe ; quand, au contraire, c'est la terre qui s'interpose directement entre la lune et le soleil, la lune, à son tour, s'éclipse tout à coup. C'est aussi dans la même région du ciel que se meuvent les étoiles que nous appelons *errantes ;* elles tournent autour de la terre, elles se lèvent et se couchent de la même manière, marchant tantôt avec vitesse, tantôt avec lenteur, souvent même s'arrêtant.

104. — Rien de plus admirable, rien de plus beau qu'un tel spectacle ; et cependant, il y a encore une prodigieuse quantité d'étoiles fixes qu'on a distinguées par les noms de certaines figures qui nous étaient connues, et avec lesquelles on croyait leur reconnaître une certaine ressemblance.

XLI

Description des Constellations du ciel, d'après le poème d'Aratus traduit par Cicéron pendant sa jeunesse. Les Pôles. La Cynosure *et l'*Hélice.

Ici Balbus, tournant les yeux vers moi : Je vais, dit-il, me servir des vers que vous avez, tout jeune encore, traduits d'Aratus, et qui me plaisent si fort, parce qu'ils sont écrits en notre langue, que j'en sais un grand nombre par cœur. Vous y rappelez d'abord que, comme nos yeux nous l'attestent chaque nuit, au delà de la sphère du mouvement et du changement,

« Les autres astres glissent d'une course rapide dans l'espace,
» Et sont emportés nuit et jour avec la sphère même du ciel. »

105. — Ces astres sont si beaux qu'aucune âme d'homme, accessible au sentiment de l'ordre et de la stabilité dans la nature, ne se lasse de les contempler.

« L'extrémité du double gond sur lequel tourne le monde
» Voilà ce qu'on appelle *pôle.* »

Autour de notre pôle tournent les deux *Ourses*, qui ne se couchent jamais.

« L'une est appelée chez les Grecs *Cynosure*,
» Et l'autre *Hélice*. »

Celle-ci nous fait voir pendant toute la nuit ses étoiles brillantes,

« Que nos astronomes ont coutume d'appeler *Septentrion*. »

106. — Au-dessus du même pivot du ciel brille la petite *Cynosure*, dont les étoiles sont en égal nombre et distribuées de la même manière.

« C'est en elle que les Phéniciens mettent leur confiance, c'est elle qu'ils prennent pour guide nocturne sur la pleine mer,
» Bien que l'autre constellation ait des étoiles plus brillantes et mieux rangées,
» Et bien qu'elle se montre largement dès la tombée de la nuit.
» La *Cynosure* est plus petite; mais c'est sur elle que les matelots se règlent,
» Parce que le cercle qu'elle décrit est d'une moindre étendue. »

XLII

Le *Dragon*, l'*Agenouillé*, le *Serpentaire*, le *Bouvier*, la *Vierge*.

Pour rendre l'aspect de ces étoiles plus merveilleux,

« Au milieu d'elles, semblable au cours sinueux d'une rivière,
» Serpente le terrible *Dragon*, qui, se repliant sur lui-même du haut en bas du ciel,
» Développe les contours sinueux de son corps. »

107. — Il est beau dans toute son étendue ; mais ce qu'il a de plus remarquable, c'est la forme de sa tête et l'éclat de ses yeux.

« Non seulement une belle étoile luit sur sa tête,
» Mais ses tempes sont marquées par une double lueur,
» Et deux flammes ardentes brillent dans ses yeux féroces,
» En même temps que son menton est éclairé par un astre radieux.
» On dirait que sa tête penchée et repliée sur son cou arrondi
» Regarde fixement vers la queue de la *Grande Ourse*. »

108. — Tant que la nuit dure, tout son corps reste au-dessus de l'horizon,

« Mais un peu de sa tête se cache tout à coup dans une partie du ciel,
» Où son lever et son coucher sont si rapprochés qu'ils se confondent. »

Près de cette tête se voit,

« Tournée vers elle, l'image défaillante d'un homme qui semble accablé de tristesse ; »

cette image, les Grecs

« L'appellent *Engonasin*, parce que l'homme semble se traîner avec effort sur les genoux.
» Là se voit aussi la brillante constellation de la *Couronne*. »

109. — Elle est placée près du dos de l'*Engonasin ;* mais vis-à-vis de sa tête se trouve le *Serpentaire :*

« Les Grecs lui donnent le nom célèbre d'*Ophiuchus*.
» On le voit presser de ses deux mains un serpent,
» Qui lui-même l'enveloppe des replis de son corps
» Et s'enroule en lui faisant comme une ceinture autour de la poitrine.
» L'homme cependant se raidit sous l'étreinte et, se tenant ferme,
» Foule sous ses pieds les yeux et la poitrine du *Nepa*. »

Au delà des *Sept bœufs de labour* apparaît

« Le *Gardien de l'Ourse*, qu'on nomme vulgairement le *Bouvier*,
» Parce qu'il pousse devant lui l'*Ourse*, qui semble attachée au timon d'un char. »

110. — Ensuite viennent d'autres étoiles. Dans la constellation même du *Bouvier*,

« On voit, fixée au-dessous de sa poitrine,
» Une étoile aux rayons brillants, qui porte le nom d'*Arcturus :* »

puis, étendue sous ses pieds,

« La *Vierge* au corps radieux, tenant à la main un épi resplendissant. »

Et ces constellations sont si bien mesurées, qu'on ne peut s'empêcher de voir dans leur savante distribution un art tout divin.

XLIII

Les *Gémeaux*, le *Cocher*, la *Chèvre*, le *Taureau*, les *Hyades*,
Cassiopée, les *Poissons*.

« Sous la tête de l'*Ourse* vous découvrirez les *Gémeaux*,
» Près du milieu de son corps le *Cancer*, et, couché sous ses pieds,
» Le grand *Lion*, dont le corps darde une flamme scintillante. »

Le *Cocher*

« S'élève au-dessus de l'horizon, caché sous la partie gauche de la
constellation des *Gémeaux*.
» Sa tête regarde l'*Hélice* et projette une lueur sauvage,
» Mais la brillante étoile de la *Chèvre* luit sur son épaule gauche. »

L'énumération se continue encore :

« Cette constellation se distingue par une grande et belle étoile.
» Près d'elle, au contraire, les *Chevreaux* ne laissent tomber sur les
mortels qu'une faible lumière. »

Sous les pieds de la *Chèvre* on voit

« Le *Taureau*, au corps robuste, au front garni de cornes. »

111. — La tête du *Taureau* présente au regard un groupe
d'étoiles serrées les unes contre les autres :

« Les Grecs avaient donné à ce étoiles un nom populaire : les *Hyades*. »

Ce mot vient de *pluie ;* car ὕειν signifie *pleuvoir*. A Rome,
par une bizarre confusion, on les appelle *Suculæ*, comme si
leur nom venait de *porcs* et non de *pluies*. Céphée, aux
mains étendues, suit par derrière la *Petite Ourse :*

« Il accomplit son circuit dans le ciel, placé sur le dos de la *Cynosure*,
une des deux constellations de l'*Arctos*. »

Devant lui marche :

« *Cassiopée*, dont les étoiles ne jettent qu'un faible éclat,
» Mais auprès d'elle s'avance, avec un brillant cortège d'étoiles,
» La triste *Andromède*, se dérobant au regard de sa mère,
» Le *Cheval*, agitant son éclatante crinière,

» Touche de son ventre la tête d'*Andromède*, et une étoile inter-
médiaire,
» Reliant l'une à l'autre ces deux constellations, les fond dans une
lumière commune
» Et cherche à les relier d'un nœud éternel.
» Ensuite paraît le *Bélier*, avec ses cornes recourbées. »

Et tout à côté de lui sont

« Les *Poissons*, dont l'un, plus élevé que l'autre sur l'horizon,
» Est touché davantage par l'Aquilon au souffle glacé. »

XLIV

Les *Pléiades*, le *Cygne*, le *Verseau*, le *Scorpion*, l'*Aigle*, *Orion*,
Sirius, *Argo*, le *Centaure*, *Procyon*. Qui pourrait croire qu'une
si belle ordonnance soit l'ouvrage du hasard ?

112. — Aux pieds d'*Andromède* se dessine la constellation
de *Persée*,

« Que viennent aussi frapper d'en haut les vents de l'Aquilon.
» À sa gauche, près du genou, formant un amas confus,
» Les petites *Pléiades* se montrent à nous avec leur faible lueur.
» Ensuite, on découvre la *Lyre*, légèrement renversée ;
» Puis vient le *Cygne*, qui déploie ses ailes sous la vaste voûte
du ciel. »

Non loin de la tête du *Cheval* vous pouvez voir la main
droite du *Verseau ;* et, bientôt après, se montre le *Verseau* tout entier,

« Puis, respirant de sa vaste poitrine le froid du pôle,
» Le *Capricorne* déploie dans un vaste espace son corps moitié
homme et moitié brute.
» C'est après l'avoir inondé de son impérissable lumière que le soleil
» Détourne son char, à l'époque du solstice d'hiver, pour le ramener
vers nous. »

113. — Ensuite on découvre

« Le *Scorpion*, qui s'élève au-dessus de l'horizon,
» Traînant avec sa queue l'*Arc du Sagittaire*,
» Auprès de lui, l'*Oiseau* fait effort pour déployer ses ailes,
» Et l'*Aigle* s'élance dans le ciel avec son corps radieux. »

Puis le *Dauphin*,

« Et, après lui, *Orion*, dont le corps se dresse en sens oblique dans
le ciel. »

114. — Sur les pas d'Orion court

« Le *Grand Chien*, aux brûlantes ardeurs, qu'entourent de brillantes
étoiles, »

Puis, immédiatement après, le *Lièvre*,

« Dont le corps n'est jamais fatigué par sa course perpétuelle.
» Vers la queue du *Chien* s'élance, d'une course rapide, le navire
Argo.
» Puis paraissent le *Bélier* et les *Poissons*, au corps couvert d'écailles,
» Dont la poitrine, brillante d'étoiles, touche les rivages de l'*Eridan*. »

Vous pouvez voir ce fleuve serpenter et se répandre au
loin ;

« Ensuite paraissent des *Liens* puissants,
» Qui, placés vers la queue des *Poissons*, semblent les retenir.
» Plus loin, près de la tête brillante du *Scorpion*, vous apercevrez
» L'*Autel*, que le vent des régions australes caresse de sa douce
haleine. »

Voici maintenant le *Centaure* :

« Il passe, s'efforçant de cacher dans les *Pinces du Scorpion* sa croupe
de cheval ;
» De sa main étendue il tient une monstrueuse bête féroce,
» Et semble vouloir, dans son courroux, s'approcher de l'*Autel*,
» Plus loin l'*Hydre*, venant des régions du sud, s'élève au-dessus de
l'horizon. »

Son corps s'étend sur un vaste espace :

« Au milieu, on voit briller la *Coupe* éclatante.
» A l'extrémité, le *Corbeau*, au corps couvert de plumes,
» Qui la ronge de son bec ; enfin, au-dessous des *Gémeaux*,
» On voit le *Petit Chien*, que les Grecs désignent sous le nom de
Procyon.

115. — Ce superbe arrangement des astres, ce magnifique ornement du ciel, un homme sensé peut-il croire que
des atomes l'aient formé en se rassemblant au gré du hasard?
ou que des choses qui non seulement ne pouvaient être faites

sans raison, mais ne peuvent être comprises que par une raison supérieure, soient l'ouvrage d'une nature stupide et aveugle ?

XLV

Plus admirable encore est la stabilité du monde ; la gravitation de ses éléments et leur cohésion ; l'ordre suivant lequel ils se distribuent et se répandent les uns au-dessus des autres.

Non seulement ces spectacles du ciel sont admirables, mais ce qui est grand surtout, c'est la stabilité de l'univers, dont toutes les parties ont une telle cohésion qu'on ne peut rien imaginer qui soit davantage à l'épreuve du temps. Toutes ces parties, en effet, tendent également vers le centre et se tiennent mutuellement en équilibre. Une espèce de lien, qui entoure les éléments, les fait demeurer étroitement unis les uns avec les autres. Ce lien, c'est la *nature*, qui, répandue dans tout l'univers, où son intelligence et sa raison opèrent tout, attire les extrémités au milieu.

116. — Si donc le monde est rond, et si, par conséquent, sa circonférence étant la même de tous côtés, toutes ses parties se contiennent les unes les autres dans un mutuel équilibre, il s'ensuit que les parties de la terre doivent aussi se porter toutes au centre du monde (car, dans une sphère, c'est le centre qui représente la partie la plus basse), sans que rien puisse faire obstacle à ce grand effort de pesanteur et de gravitation. Par la même raison, quoique la mer soit plus élevée que la terre, comme elle tend aussi vers le centre, il est nécessaire qu'elle se rassemble en une seule masse, et que jamais elle ne déborde en se répandant sur le continent.

117. — Il est vrai que l'air, contigu à la mer, s'élève à cause de sa légèreté ; mais il ne laisse pas de se répandre tout autour du monde. Ainsi, il reste partout en contact avec les eaux de la mer ; et si, d'autre part, la nature le fait monter vers le ciel, c'est afin qu'il y soit tempéré par une chaleur pure, qui le rend propre à vivifier les animaux.

3.

Quant à cette partie la plus élevée du ciel qu'on appelle l'éther, bien qu'elle enveloppe la région de l'air, qui lui est unie par ses couches supérieures, elle conserve pures de tout mélange sa subtilité et sa chaleur.

XLVI

Nutrition des astres par les vapeurs de la terre. Dissolution et rénovation probables de l'univers. Harmonieuse pondération des mouvements planétaires.

Dans l'éther se meuvent les astres, dont les parties se concentrent pareillement et se répartissent d'après leur poids sur une surface sphérique. Ils sont donc ronds, et je crois avoir fait remarquer déjà que cette forme est inaltérable.

118.—Comme, d'autre part, les étoiles ont la même nature que la flamme, elles se nourrissent des vapeurs que le soleil tire de la terre échauffée, ainsi que des eaux. Mais ces vapeurs, quand elles ont nourri et restauré les astres et tout l'éther, sont renvoyées ici-bas pour être attirées encore d'autres fois; ainsi, il ne s'en perd rien, ou, du moins, le peu qui s'en perd est consumé par le feu des astres et par la flamme de l'éther. De là nos Stoïciens tirent une conséquence, qui, dit-on, paraissait douteuse à Panétius : c'est que le monde doit arriver à une phase de conflagration universelle. Toute l'eau étant consumée, la terre n'aura plus d'aliment ; l'air n'aura plus de quoi se former, puisque l'eau, dont il se forme, sera alors toute épuisée ; ainsi le feu restera seul ; mais, par ce feu, qui est animé et divin, le monde sera rétabli et renaîtra avec la même beauté que nous lui voyons aujourd'hui.

119. — Je ne voudrais pas m'étendre plus que de raison sur ce qui regarde les astres, et particulièrement les planètes, dont les mouvements, quoique très dissemblables, produisent dans l'univers une véritable harmonie. En effet, Saturne, la plus élevée de toutes, est le principe du froid ; Mars, qui se trouve placé au milieu du système planétaire,

est brûlant; Jupiter les partage et modère leurs excès; deux autres planètes qui sont au-dessous de Mars obéissent au Soleil; le Soleil éclaire tout l'univers; la Lune, qui emprunte de lui sa clarté, influe sur les générations et sur les enfantements; elle en détermine les époques favorables. Quiconque n'est point frappé de cet arrangement et de cette collaboration par lesquels la nature se propose la conservation des choses n'a fait, évidemment, aucune réflexion sur les harmonies de l'univers.

XLVII

Passage des choses célestes aux choses terrestres. Les plantes; leurs racines, leurs écorces; leurs instincts. Les animaux; la variété de leurs organismes; de leurs moyens de défense, de leurs genres de nourriture.

120. — Passons maintenant des choses célestes aux choses terrestres. Y a-t-il rien dans celles-ci qui ne prouve l'intelligence de la nature? Jugeons-en d'abord par les plantes. Elles ont des racines pour soutenir leurs tiges et pour tirer de la terre un suc nourricier. Elles sont revêtues d'une enveloppe herbacée ou d'une écorce ligneuse pour se préserver du chaud et du froid. La vigne se prend aux échalas avec ses tendons, comme avec des mains, et se dresse comme feraient des animaux. On dit même que, lorsqu'il y a des choux plantés dans son voisinage, elle s'en écarte spontanément, comme d'une substance empestée et nuisible, et ne les touche d'aucune part.

121. — Quant aux animaux, quelle variété dans leurs espèces! Comme ils sont tous bien pourvus de ce qui leur est nécessaire pour se maintenir et se perpétuer! Les uns sont revêtus de peau, d'autres couverts de poil, d'autres hérissés de pointes, d'autres chargés de plumes, d'autres entourés d'écailles, d'autres armés de cornes; d'autres ont des ailes pour s'enfuir. La nature leur a libéralement et abondamment procuré les aliments qui leur sont propres. Il serait facile d'expliquer avec quel art ingénieux et subtil

les diverses parties de leurs corps ont été distribuées, avec quelle industrie savante leurs membres ont été construits pour leur permettre de se procurer et d'absorber leur nourriture. Toutes les parties intérieures de leur corps sont, en effet, si bien façonnées et si habilement disposées, qu'il n'y a rien en eux de superflu, rien qui ne soit nécessaire à la conservation de leur vie.

122. — D'ailleurs, la nature leur a donné, en outre de leurs organes mêmes, l'appétit et le sentiment, afin que par l'un ils soient excités à prendre la nourriture qui leur convient, et que par l'autre ils discernent ce qui leur est mauvais de ce qui leur est bon. Ils vont à leur pâture, les uns en marchant, d'autres en rampant, d'autres en volant, d'autres en nageant. Les uns la prennent avec la gueule et avec les dents, d'autres la saisissent avec leurs serres et avec leurs griffes, d'autres avec leur bec. Les uns la sucent, d'autres la broutent, d'autres la dévorent, d'autres la mâchent. Il y en a dont la taille est si basse, qu'il leur est facile de prendre à terre leur nourriture; d'autres, d'une stature plus haute, comme les oies, les cygnes, les grues, les chameaux, ont le cou long pour y pouvoir atteindre. Les éléphants ont même reçu de la libéralité de la nature une sorte de main sans laquelle, encombrés par la grosseur de leur corps, ils auraient eu difficilement accès vers les substances dont ils doivent se nourrir.

XLVIII

Leurs instincts de violence ou de ruse. Association de certaines espèces animales en vue de leur nourriture. Énergie et infaillibilité des instincts.

123. — Quant à ceux des animaux qui ont à se nourrir d'animaux d'une autre espèce, ils ont en partage ou la force ou la légèreté. Il y en a même qui sont capables de finesse et de ruse. Ainsi, parmi les araignées, les unes tendent une manière de filet pour attraper ce qui se présente; les autres sont au guet, s'il faut ainsi dire, pour se jeter sur leur proie

et l'avaler. La *pinne* (ce nom vient du grec) forme avec la petite squille une communauté qui leur permet de chercher ensemble leur vie. Elle a deux grandes écailles béantes ; et, quand de petits poissons y viennent nager, avertie par la squille qui la mord, elle resserre ses écailles à l'instant. Quoique très différentes, ces petites bêtes cherchent ainsi leur vie en commun, sans que l'on puisse dire si c'est une convention qu'elles font, ou si c'est la nature même qui les a ainsi unies l'une à l'autre dès leur naissance.

124. — Il y a encore lieu d'admirer certaines bêtes aquatiques qui, nées sur la terre, courent immédiatement à l'eau, dès qu'elles ont la force de se mouvoir. C'est ce qui se voit dans les crocodiles, dans les tortues de rivière et dans une certaine espèce de serpents. De même, il nous arrive souvent de faire couver des œufs de canes par des poules ; les petits qui en naissent sont d'abord nourris par ces poules comme par de véritables mères ; mais, dès qu'ils ont commencé à voir de l'eau, ils échappent à celles qui les ont couvés, et, bien que poursuivis par elles, ils s'y précipitent comme vers leur demeure naturelle. Tant est forte chez les animaux l'impression de la nature, qui les porte à conserver leur vie !

XLIX

Ruses des platalées, des grenouilles de mer. Guerre naturelle du corbeau et du milan. Migrations des grues.

Je me souviens aussi d'avoir lu qu'un oiseau nommé *platalée* vole, pour se nourrir, après les plongeons, et que, lorsqu'il les voit sortir de la mer, où ils ont été chercher du poisson, il leur serre la tête en les mordant, jusqu'à ce qu'il leur ait fait lâcher leur proie, dont il s'empare aussitôt. On dit encore qu'il avale du coquillage en grande quantité, et qu'après l'avoir cuit par la chaleur de son estomac, il le rejette et choisit alors ce qu'il y a de bon à manger.

125. — Une ruse familière, dit-on, aux grenouilles de mer, c'est de se couvrir de sable au bord de l'eau et de se mettre

à remuer : les poissons y courent comme à un appât, et
sont pris eux-mêmes. Autre instinct naturel : comme il y
a entre le corbeau et le milan une sorte de guerre perpétuelle, partout où l'un de ces oiseaux trouve des œufs de
l'autre, il les casse. Enfin, Aristote, à qui nous devons la
connaissance de presque tous ces faits, remarque une chose
bien digne d'admiration. Quand les grues passent la mer
pour gagner des pays plus chauds, elles forment la figure
d'un triangle ; celles qui occupent l'angle de devant fendent
l'air qui leur résiste ; celles qui sont aux deux côtés battent
des ailes, et cela leur sert comme de rames pour faciliter
leur course ; enfin, les dernières, formant la base du
triangle, sont aidées des vents, qu'elles ont comme en
poupe ; elles appuient leur cou et leur tête sur celles qui les
précèdent. Quant à la première, ne pouvant avoir ce soula-
gement, parce qu'elle n'a pas sur quoi s'appuyer, elle revient
à la queue pour se reposer ; alors, une de celles qui ont pris
du repos la remplace ; et, pendant tout le chemin qu'elles
ont à faire, le même ordre s'observe. Je conterais beaucoup de semblables particularités, si l'on ne jugeait assez
du reste par celles-là.

126. — D'autres, d'ailleurs, sont plus connues : elles con-
cernent l'attention des bêtes à se conserver, leur circonspec-
tion dans la recherche de la nourriture, l'habileté qu'elles
déploient dans la construction de leurs gîtes.

L

Instincts curatifs de certains animaux ; ils emploient spontanément des remèdes que les médecins n'ont découverts qu'après
de longs siècles.

Maintenant, n'est-ce pas une chose admirable, que des
pratiques découvertes récemment, c'est-à-dire il y a quelques siècles par le génie des médecins, soient employées
d'instinct par les animaux ? Ainsi, les chiens savent se faire
vomir ; les ibis d'Égypte savent se purger. On sait que les
panthères qui se prennent dans les pays barbares avec de

la chair empoisonnée n'ont qu'à user d'un remède qu'elles connaissent, pour mettre leur vie à couvert, et que, dans l'île de Crète, les chèvres sauvages, quand elles sont percées de flèches envenimées, cherchent du *dictame*, dont elles n'ont pas sitôt goûté que les flèches leur tombent du corps. Un peu avant que de faonner, les biches se purgent avec une petite herbe qu'on appelle du *séseli*.

127. — Quand on fait du mal aux bêtes, ou qu'elles en ont peur, on les voit toutes recourir aux armes qu'elles tiennent de la nature : les taureaux à leurs cornes, les sangliers à leurs défenses, les lions à leurs dents; les unes prennent la fuite, d'autres se cachent; les sèches vomissent leur noir, les torpilles engourdissent; il y en a même plusieurs qui, par de puantes exhalaisons, obligent les chasseurs à se retirer.

LI

Instincts de génération. Merveilleuse prévoyance de la nature pour le développement de l'embryon, pour l'allaitement du petit animal.

Mais, afin que la beauté du monde fût éternelle, la providence des dieux s'est appliquée soigneusement à perpétuer les différentes espèces d'animaux, d'arbres et de plantes. Pour cela, elle a mis dans tous les individus une si féconde semence, que d'un seul il peut s'en former plusieurs. Cette semence, pour ce qui est des plantes, est renfermée dans le cœur de leurs fruits, mais en telle quantité qu'après avoir fourni aux hommes une abondante nourriture, elle suffit encore à remplir la terre des espèces dont elle est issue.

128. — A l'égard des animaux, ne voit-on pas avec quel art il a été pourvu à la propagation de leurs espèces ? La nature, pour perpétuer chaque race, a fait qu'il y eût des mâles et des femelles. Aux uns et aux autres elle a donné des parties admirablement conformées pour la génération et la conception, en même temps qu'un désir merveilleux de s'accoupler. Quand la semence a été reçue dans l'endroit

fécond, elle attire presque toute la nourriture à elle. Par là
elle forme l'animal soigneusement enveloppé dans les parois qui le protègent. Aussitôt que celui-ci est né, si c'est
un animal qui se nourrisse de lait, presque tous les aliments
de sa mère se convertissent en lait; et, sans instruction,
par le seul instinct de la nature, le petit qui vient de naître
va chercher les mamelles de sa mère et se rassasie du lait
qu'il y trouve. Une chose montre bien qu'il n'y a rien là de
fortuit, mais qu'il y faut voir l'ouvrage d'une nature pré-
voyante et habile : c'est que les femelles qui, comme les
truies et les chiennes, font d'une portée beaucoup de petits,
ont plusieurs mamelles, au lieu que celles-là en ont peu,
qui font peu de petits à la fois.

129. — Avec quelle tendresse les bêtes s'attachent à conserver et à élever leurs petits, jusqu'à ce qu'ils puissent eux-
mêmes se défendre ! On dit bien, à la vérité, que les poissons, quand leurs œufs sont faits, les abandonnent; mais
l'eau soutient aisément ces œufs, et ils n'ont point de peine
à éclore.

LII

*Tendresse maternelle des bêtes. Précautions en vue de l'éclosion
des œufs. Éducation des petits. Autres merveilles de la nature.
Particularités de certaines régions. Le Nil, l'Euphrate, l'Indus.*

On dit aussi que les tortues et les crocodiles ne font que
couvrir de terre leurs œufs, et après cela se retirent; de
sorte que leurs petits naissent et s'élèvent d'eux-mêmes
sans aucun aide. Mais les poules, quand elles veulent pondre,
cherchent pour cela un lieu tranquille. De même, les autres
oiseaux construisent à l'avance un nid et le tapissent avec
le duvet le plus doux, afin d'y mieux conserver leurs œufs.
Dès que leurs petits sont éclos, ils les protègent avec la plus
grande prévoyance, les réchauffant sous leurs ailes, de peur
qu'ils ne souffrent du froid; ou, si c'est la chaleur qui est
trop forte, se plaçant entre eux et le soleil. Quand ces petits
commencent un peu à voler, leurs mères les accompagnent
et les dirigent avec sollicitude, délaissant tout autre soin.

130. — Une autre cause assure encore la protection des animaux et la conservation des plantes; c'est l'habileté et l'industrie des hommes; car beaucoup de bêtes et beaucoup d'arbres périraient, sans les soins dont nous les entourons. D'ailleurs, la nature donne encore aux hommes, suivant les divers pays, beaucoup de facilités pour la préparation abondante des choses qui leur sont nécessaires. Le Nil arrose l'Egypte, et, après l'avoir couverte et inondée pendant l'été, il se retire, laissant les champs amollis et comme engraissés pour les semailles. L'Euphrate fertilise la Mésopotamie, où, chaque année, ses alluvions apportent, pour ainsi dire, de nouveaux champs. L'Indus, qui de tous les fleuves est le plus grand, non seulement amende et laboure en quelque façon les campagnes, mais les ensemence aussi; car il charrie, dit-on, une grande quantité de grains semblables à ceux du froment.

131. — Je pourrais citer aussi plusieurs autres caractères remarquables dans d'autres régions et montrer combien la nature de la fécondité du sol varie dans les divers pays.

LIII

Variété des productions de la terre, des bienfaits de la nature. Providence universelle. Toutefois, la fin de l'univers est spécialement le bien des animaux raisonnables, qui sont les dieux et les hommes.

Mais quelle plus grande bonté de la nature, que de nous fournir tant d'aliments, si variés, si délicieux, et de nous les fournir en différentes saisons, afin qu'ils nous plaisent toujours et par la nouveauté et par l'abondance ! Quelle grâce ne nous fait-elle pas aussi en nous envoyant les vents Etésiens, qui soufflent si à propos pour tempérer les chaleurs de l'été, et qui assurent la santé non seulement des hommes, mais encore des bêtes et des plantes, en même temps qu'ils rendent la navigation plus sûre et plus prompte.

132. — Dans une matière si abondante, il me faut passer sous silence bien des choses. Je ne puis en effet, énumérer en

détail tous les bienfaits que nous procurent les rivières, le flux et le reflux de la mer, les montagnes revêtues d'herbes et de forêts, les salines éloignées des côtes maritimes, les terres fécondes en remèdes excellents, ainsi qu'une infinité d'arts nécessaires à la vie. N'oublions point l'alternance du jour et de la nuit : elle fait la santé des animaux, en leur donnant un temps pour agir, et un temps pour se reposer. Ainsi, de quelque côté que l'on examine l'univers, on a le droit de conclure que tout y est admirablement gouverné par une Providence divine, qui veille au salut et à la conservation de tous les êtres.

133. — Ici on nous demandera peut-être pour qui le monde a été fait. Dirons-nous que ce soit pour les arbres et pour les herbes, qui, tout dénués qu'ils sont de sentiment, ne laissent pas d'être au nombre des choses que la nature fait subsister? Mais qui pourrait le dire sans absurdité? Est-ce pour les bêtes? Mais il n'est pas non plus probable que les dieux aient pris tant de peine pour des brutes, muettes et sans entendement. Pour qui donc? Sans doute, pour les animaux raisonnables, c'est-à-dire pour les dieux et pour les hommes, qui sont évidemment les plus parfaits de tous les êtres, puisque rien n'égale la raison. Il est donc à croire que le monde, avec tout ce qu'il contient, a été fait pour les dieux et pour les hommes.

LIV

Structure du corps humain. Trois choses sont nécessaires à l'animal : manger, boire, respirer. La bouche et les narines. Les dents. L'œsophage et la déglutition. La trachée-artère. Structure de l'estomac et structure des poumons.

Mais on comprendra mieux encore combien la providence des dieux immortels s'étend sur les hommes, quand on aura considéré en détail toute la structure du corps humain et qu'on se sera entièrement rendu compte des caractères et de la perfection de notre nature.

134. — Pour vivre, il faut à l'animal trois choses : manger,

boire, respirer. Or, la bouche est très propre à toutes ces opérations. Avec le concours des narines, elle attire dans le corps une grande quantité d'air. Les dents y sont arrangées pour mâcher, amenuiser et broyer l'aliment. Celles de devant, qui sont aiguës, le mettent en morceaux; celles qui sont au fond, et qu'on appelle les maxillaires, achèvent de le triturer; et il semble que la langue, elle aussi, leur soit pour cela de quelque secours.

135. — Aux racines de la langue tient l'œsophage, où tombe d'abord ce qui est avalé. Il touche de part et d'autre les amygdales, et se termine à l'extrémité intérieure du palais. Quand les mouvements de la langue ont fait passer l'aliment jusque dans ce canal, il le conduit plus bas encore; et, pendant que l'aliment descend, les parties de l'œsophage qui sont au-dessous s'élargissent, celles qui sont au-dessus se resserrent.

136. — Un autre canal, que les médecins appellent *trachée-artère*, s'étend jusqu'aux poumons, pour servir à l'entrée et à la sortie de l'air que l'on respire. Et comme il a son orifice auprès des racines de la langue, un peu au-dessus de l'endroit où est attaché l'œsophage, il a fallu que cet orifice fût muni d'une espèce de couvercle, de peur que, s'il venait à y tomber une partie de la nourriture, le passage de la respiration ne se trouvât obstrué. Mais, comme l'estomac, placé sous l'œsophage, reçoit l'aliment, solide et liquide, pendant que les poumons et le cœur attirent l'air du dehors, il faut considérer un moment la structure admirable et compliquée de cet organe, qui est presque entièrement formé de substance nerveuse. Il se compose de plusieurs parties; ses fibres sont tortueuses; il arrête au passage les aliments qu'il a reçus, afin de les rendre propres à la digestion; il se resserre et se dilate tour à tour; il rassemble les aliments, il les mêle et les confond, afin que, cuits et réduits en bouillie par sa chaleur, qui est grande, et par le concours de la respiration, ils puissent être facilement distribués dans le reste du corps.

LV

Les intestins, le foie, le mésentère. Circulation du sang dans
les veines, des esprits dans les artères. Les os, les articulations,
les nerfs.

Dans les poumons, au contraire, la substance est rare,
molle, spongieuse, ce qui les rend très propres à la respiration. Ils se resserrent pour expirer l'air qu'ils ont reçu; ils
se dilatent pour en aspirer d'autre, et ils tiennent ainsi
toujours renouvelée et fraîche cette nourriture aérienne,
dont les animaux ne peuvent se passer.

137. — Le suc nourricier, étant séparé du reste de l'aliment,
passe des intestins au foie par des conduits qui aboutissent
du mésentère aux *portes* du foie (c'est ainsi qu'on appelle
les vaisseaux qui sont à l'entrée de ce viscère). De là il y a
d'autres conduits par où la nourriture, au sortir du foie,
est portée ailleurs. Quand la bile et les humeurs qui coulent
des reins ont été séparées de cette nourriture, le reste se
tourne en sang, et vient se rendre à ses mêmes *portes* du
foie, d'où partent tous les conduits destinés à mener d'abord
le chyle dans la veine appelée *cave*, puis, de là, à le faire
passer dans le cœur, d'où enfin il se distribue dans l'organisme entier par un grand nombre de veines qui aboutissent
à toutes les parties du corps.

138. — Maintenant, quoiqu'il ne soit pas difficile d'expli-
pliquer comment les parties grossières des aliments sont
poussées dehors par le mouvement des instestins, qui se
dilatent et se resserrent, cependant, pour ne rien dire qui
blesse l'oreille, il vaut mieux s'abstenir d'en parler. Ex-
pliquons donc plutôt cette autre merveille de la nature.
L'air, qui s'insinue dans les poumons, acquiert de la chaleur
et par l'acte même de la respiration, et par son contact avec
la chaleur des poumons. De cet air, une partie est rejetée
au dehors, une autre est reçue dans l'endroit nommé *le
ventricule* du cœur. A ce ventricule en est joint un autre
tout semblable, où arrive le sang qui coule du foie par la

veine cave. Ainsi, de ces deux organes, l'un fait affluer le
sang aux extrémités par les veines, l'autre fait circuler l'air
par les artères. Et il y a dans le corps tant d'artères, tant
de veines, et si diversement mélangées, qu'il est bien difficile de n'y pas remarquer un art divin.

139. — Parlerai-je des os, qui servent de charpente au
corps, et dont les jointures sont admirablement conçues,
soit pour lui donner une base solide, soit pour déterminer
la forme de ses membres, soit pour se prêter à ses mouvements et à tous ses actes? A cette merveille des os il faut
ajouter celle des nerfs dont le tissu enveloppe les membres
et qui, partant du cœur, comme les veines et les artères,
se distribuent, comme elles, dans l'organisme tout entier?

LVI

Stature droite de l'homme. Les sens. Utilité et disposition de
chacun d'eux.

140. — A ce détail, qui prouve l'habileté de la nature et
l'attention de sa providence, nous pouvons ajouter diverses
réflexions qui prouvent de quels privilèges, et combien pré-
cieux, la divinité a doté les hommes. D'abord, en les tirant
du sol, elle les a faits d'une taille haute et droite, afin qu'en
regardant le ciel ils pussent s'élever à la connaissance des
dieux. Les hommes, en effet, sont nés de la terre, non
pas simplement pour l'habiter et la peupler, mais pour contempler de là le ciel et les astres et jouir d'un spectacle qui
n'appartient à nulle autre espèce d'animaux. Ensuite, elle a
donné à nos sens, qui sont pour nous comme les interprètes
et les messagers de la réalité extérieure, une structure qui
répond merveilleusement à leur destination, et elle a placé
leur siège dans la tête comme dans un lieu fortifié. Ainsi,
par exemple, les yeux sont placés, comme des sentinelles,
dans la partie la plus élevée du corps, d'où ils peuvent
accomplir leur mission, en découvrant tout autour d'eux
un grand nombre d'objets.

141. — Quant aux oreilles. étant destinées à recevoir le

son, qui monte naturellement, il fallait qu'elles fussent, comme les yeux, placées dans la partie supérieure. De même pour les narines, puisque l'odeur monte aussi; et il les fallait près de la bouche, parce qu'elles nous aident beaucoup à juger du boire et du manger. Le goût, qui nous doit faire sentir la qualité de ce que nous prenons, réside dans cette partie de la bouche par où la nature donne passage au solide et au liquide. Enfin, le tact est réparti d'une manière à peu près égale dans tout le corps, afin que nous puissions être avertis par lui de toutes les impressions des objets extérieurs, ainsi que de toutes les atteintes du froid ou du chaud. Et comme un architecte ne mettra point sous les yeux ni sous le nez du maître les égouts d'une maison, de même, la nature a relégué loin de nos sens ce qu'il y a de semblable à cela dans le corps humain.

LVII

Les yeux; la complexité et la délicatesse de leur structure. Les oreilles; comment elles sont disposées en vue de la résonance. Supériorité des sens de l'homme sur ceux de l'animal.

142.—Mais quel autre ouvrier que la nature, dont l'adresse est incomparable, pourrait avoir si artistement formé nos sens? Elle a entouré les yeux de tuniques fort minces qui les protègent. Ces tuniques, elle les a faites à la fois transparentes, afin que l'on pût voir à travers, et fermes, afin qu'elles formassent un tissu. D'autre part, elle a fait les yeux glissants et mobiles, pour leur permettre d'éviter ce qui pourrait leur nuire et de porter aisément leurs regards où ils voudraient. La prunelle, où se réunit ce qui fait la force de la vision, est si petite qu'elle se dérobe sans peine à ce qui pourrait lui faire du mal. Quant aux paupières, qui sont les couvertures des yeux, elles ont une face polie et douce, pour ne point les blesser; elles voilent facilement les pupilles, de peur que quelque chose ne tombe à leur surface, et facilement aussi elles les découvrent; et la nature a veillé à ce que ce double mouvement pût se faire avec la plus grande promptitude.

143. — Ces mêmes paupières sont, en outre, fortifiées, pour ainsi dire, d'une palissade de poils, qui leur sert à repousser ce qui viendrait attaquer les yeux, quand ils sont ouverts, et à les envelopper, afin qu'ils reposent paisiblement, quand le sommeil les ferme et nous les rend inutiles. Nos yeux ont, de plus, l'avantage d'être enfoncés dans des orbites et d'être défendus par des éminences. Car, d'un côté, ce sont les sourcils qui les protègent en arrêtant la sueur qui coule de la tête et du front; et, de l'autre, pour se garantir par le bas, ils ont la légère proéminence des joues. Entre les deux yeux, le nez est placé comme un mur de séparation.

144. — Quant à l'ouïe, elle demeure toujours ouverte, parce que nous en avons toujours besoin, même en dormant. Si quelque son la frappe alors, nous en sommes réveillés. Elle a des conduits tortueux, de peur que, s'ils étaient droits et unis, quelque chose n'y pénétrât. La nature a eu même la précaution d'y former une humeur visqueuse, afin que si de petites bêtes tâchaient de s'y glisser, elles fussent prises comme à de la glu. Les oreilles (par ce mot on entend la partie qui se voit au dehors) ont été faites pour mettre l'ouïe à couvert, et pour empêcher que les sons ne se dissipent et ne se perdent, avant d'avoir fait impression sur l'organe. Elles ont l'entrée dure comme de la corne, et sont d'une figure sinueuse, parce que des corps de cette sorte renvoient le son et le rendent plus fort. Aussi voyons-nous que la partie des lyres qui produit la résonance est d'écaille ou de corne, et que la voix retentit mieux dans les endroits fermés, où il y a des détours.

145. — De même, les narines, à cause du besoin continuel que nous en avons, ne sont jamais bouchées. Elles ont l'entrée fort étroite, de peur qu'il ne s'y glisse quelque chose de nuisible, et il y a toujours sur leurs parois une humidité destinée à empêcher qu'il n'y séjourne des poussières ou d'autres corps étrangers. Enfin, le sens du goût est particulièrement clos; il est, en effet, renfermé dans la bouche,

au grand profit de son usage et de sa conservation. On peut
donc dire, d'une manière générale, que tous nos sens sont
bien plus exquis que ceux de la bête.

LVIII

Propriétés esthétiques de quelques sens de l'homme. Les arts,

D'abord, nos yeux découvrent avec une rare délicatesse,
dans les arts dont ils sont juges, dans la peinture, dans la
sculpture et la ciselure, dans le geste même et dans tous
les mouvements du corps, beaucoup de choses qui échappent
entièrement à la bête. Ils nous permettent de reconnaître
la beauté, l'harmonie et, si j'ose m'exprimer ainsi, la dé-
cence dans les couleurs et les figures. Ils font bien plus
encore. Ils démêlent même les vices et les vertus. Ils dis-
tinguent si l'on est irrité ou bienveillant, joyeux ou triste,
brave ou lâche, hardi ou timide.

146. — Le jugement de l'oreille n'est pas moins admirable,
pour ce qui regarde le chant et les instruments. Ce sens
distingue les tons, les mesures, les pauses, les diverses
sortes de voix, les claires, les sourdes, les douces, les aigres,
les basses, les hautes, les flexibles, les rudes; et il n'y a que
l'oreille de l'homme qui puisse le faire. De même, l'odorat,
le goût et le toucher ont aussi leur jugement qui leur est
propre. On a même inventé plus d'arts que je ne voudrais
pour jouir de ces sens et pour les flatter; car vous savez à
quel excès on a porté la composition des parfums, l'assai-
sonnement des viandes, toutes les délicatesses du corps.

LIX

La pensée de l'homme et ses manifestations supérieures.
L'éloquence et ses bienfaits. Le mécanisme de la voix.

147. — Quant à l'âme même de l'homme, à sa pensée, à sa
faculté de délibération et de discernement, avouons qu'il
faut être dépourvu de ces facultés, pour ne pas comprendre

qu'elles sont les ouvrages mêmes de la Providence divine.
En traitant cette question, que ne puis-je, Cotta, avoir un
moment votre éloquence ! Comme vous parleriez bien sur un
si beau sujet ! Comme vous nous feriez apprécier l'étendue
de l'intelligence humaine ; l'importance de la faculté que
nous avons de réunir nos idées, de lier celles qui suivent
avec celles qui précèdent, d'établir des principes, d'en tirer
des conséquences, de définir toutes choses et de les réduire
à d'exactes formules, de comprendre enfin par là combien
la science est une grande et incomparable chose, puisqu'elle
ne peut être, dans la divinité même, supérieure à ce qu'elle
est chez nous ! Mais quelle prérogative n'est-ce pas, quoique
vos Académiciens la rabaissent et même la suppriment,
que de connaître parfaitement les objets extérieurs par
la perception des sens, jointe à la compréhension de
l'esprit !

148. — En rapprochant les unes des autres ces facultés
de notre nature, nous créons les arts, dont les uns se rapportent aux exigences de la vie, les autres à ses agréments.
Parmi eux en est-il un plus beau et plus divin que l'éloquence, cette reine du monde, comme vous avez l'habitude
de l'appeler ! Elle nous fait apprendre ce que nous ignorons,
et nous rend capables d'enseigner ce que nous savons. Par
elle nous exhortons, par elle nous relevons le courage abattu,
par elle nous humilions l'audace, par elle nous réprimons
les passions, les emportements. C'est elle qui nous a imposé
des lois, qui a formé les liens de la société civile, qui a fait
quitter aux hommes leur vie sauvage et farouche.

149. — Aussi ne croirait-on pas, à moins d'y faire grande
attention, combien la nature a dû prendre de peine pour
nous donner la parole. Car, d'abord, c'est par une artère,
allant depuis les poumons jusqu'au fond de la bouche, que
se forme et se répand la voix, dont le principe est dans la
pensée. Ensuite, elle a pour instrument la langue, placée
dans la bouche, contenue par les dents. C'est cet organe qui
açonne et articule les sons émis d'abord d'une manière con-
fuse. En les faisant résonner contre les dents et contre
d'autres parties de la bouche, il les rend nets et distincts.

C'est pour cela que les Stoïciens comparent la langue à l'archet, les dents aux cordes, et les narines au corps de l'instrument.

LX

La main et ses usages. L'industrie, l'art, l'agriculture. Empire de l'homme sur les animaux ; services qu'il en tire. Les mines et les métaux. La navigation. Exploitation de la terre entière par l'homme.

150. — Mais maintenant, ces mains que la nature a données à l'homme, quelle n'est pas leur habileté, leur aptitude à nous servir dans les différents arts ? Les doigts s'allongent ou se plient sans la moindre difficulté, tant leurs jointures sont flexibles. Avec leur secours, aucun mouvement ne nous embarrasse. Par eux, nous pouvons sculpter et peindre. Grâce à leur agilité, nous tirons les sons les plus variés de la lyre et de la flûte. Voilà pour l'agréable ; et voici maintenant pour le nécessaire : elles cultivent les champs, bâtissent des maisons, font des étoffes, des habits, travaillent le cuivre et le fer. L'esprit invente ; les sens examinent ; la main exécute. C'est aux mains que nous devons non seulement les toits qui nous abritent, les vêtements qui nous couvrent, les armes qui nous protègent, mais encore nos villes, nos murailles, nos demeures et nos temples.

151. — C'est encore par notre travail, c'est-à-dire par nos mains, que nous réussissons à multiplier et à varier nos aliments. Car beaucoup de fruits, destinés soit à être consommés de suite, soit à être gardés, ne viendraient point sans culture. Ensuite, nous avons besoin soit de prendre, soit de nourrir les animaux, terrestres, aquatiques ou volatiles, qui serviront à nous nourrir. Il nous faut aussi, pour nos moyens de transport, dompter des quadrupèdes, dont la force et la vitesse suppléent à notre faiblesse et à notre lenteur. Aux uns nous faisons porter des fardeaux, à d'autres nous imposons le joug. Nous adaptons à nos usages la finesse des sens de l'éléphant, la sagacité de l'odorat du

chien. Nous tirons des profondeurs du sol le fer, sans lequel on ne peut cultiver les champs. Nous découvrons, si cachées qu'elles puissent être, les veines de cuivre, d'argent et d'or, et nous les employons à nos besoins et à notre ornement. Nous coupons les arbres, ainsi que les diverses substances ligneuses obtenues par la culture ou nées spontanément dans les forêts et nous nous en servons, soit pour nous réchauffer en allumant du feu, soit pour faire cuire nos aliments, soit pour bâtir des habitations qui nous mettent à l'abri du chaud et du froid.

152. — Le bois nous est encore d'une grande utilité pour construire nos vaisseaux, qui de toutes parts nous apportent les diverses commodités de la vie et nous mettent à même de nous soumettre ce que la nature a fait de plus violent, la mer et les vents. Par là aussi, nous tirons de la mer une infinité de choses utiles. Quant à celles que la terre produit, nous en sommes absolument les maîtres. Nous jouissons des plaines, des montagnes; les rivières, les lacs sont à nous; c'est nous qui semons les blés, qui plantons les arbres; nous fertilisons les terres en les arrosant par des canaux ; nous arrêtons les fleuves, nous redressons et détournons leur cours. En un mot, nous arrivons, avec le secours de nos mains, à créer dans la nature elle-même une autre nature.

LXI

L'observation du ciel. La connaissance des dieux. La piété et les autres vertus. Aucune de ces grandes choses ne peut s'expliquer par le hasard.

153. — Mais quoi? l'esprit humain n'a-t-il pas pénétré aussi jusque dans les profondeurs du ciel? Seul de tous les êtres animés, l'homme a observé le cours des astres, leur lever, leur coucher; il a déterminé la durée exacte du jour, du mois, de l'année; il a prévu les éclipses du soleil et celles de la lune, et il les a prédites à jamais, signalant à l'avance leur nature, leur grandeur, le moment précis où elles doi-

vent commencer et finir. C'est par de telles contempla-
tions que l'esprit humain s'élève à la connaissance des
dieux; connaissance qui produit la piété, et avec elle la
justice et toutes les autres vertus, lesquelles sont, à leur
tour, le principe d'une existence heureuse et presque divine. Ainsi, nous ne sommes inférieurs aux dieux que faute
d'avoir l'immortalité, qui, d'ailleurs, n'est pas nécessaire
à la vie vertueuse. Tout cela prouve la supériorité de
l'homme sur le reste des animaux et nous permet de conclure que ni la conformation de son corps ni les qualités
de son esprit ne peuvent être l'effet du hasard.

LXII

Soins de la Providence pour l'homme. Les choses qui nous sont
utiles ont été faites *en vue* de notre utilité. Le monde est la cité
commune des dieux et des hommes. Les mouvements célestes,
en même temps qu'ils tiennent à l'ordre général du monde,
sont faits pour être contemplés par l'homme.

154. — Il me reste à montrer (car il est temps de finir) que
tout ce qu'il y a dans le monde d'utile à l'homme a été fait
en vue de l'homme, et à dessein.

D'abord, le monde lui-même a été fait pour les dieux et
pour les hommes, et tout ce qu'il contient a été préparé et
imaginé pour notre usage. Le monde est, en effet, la maison commune, la cité des dieux et des hommes, puisque ce
sont les seuls êtres raisonnables, les seuls qui connaissent le
droit et la loi. Ainsi, comme les villes d'Athènes et de Sparte
ont été bâties pour les Athéniens et pour les Spartiates, et
qu'on a raison de dire que tout ce qu'elles renferment appartient à ces peuples, de même on doit juger que tout ce qui
est dans le monde appartient aux dieux et aux hommes.

155. — Quant aux révolutions du soleil, de la lune et des
autres astres, outre qu'elles se rattachent à l'ordre général
de l'univers, elles servent aussi de spectacle aux mortels :
spectacle ravissant, et dont on ne se rassasie point. Il n'en
est pas qui soit plus digne de nous occuper et d'exercer

notre pénétration. En effet, c'est en mesurant le cours des astres que nous en sommes venus à observer les différentes saisons, leur durée, leur vicissitude. Or, puisque tous ces phénomènes ne sont connus que des hommes seuls, on a sujet de croire que c'est pour eux seuls aussi qu'ils existent.

156. — Et maintenant, si la terre produit toutes sortes de grains et de légumes, est-ce pour les hommes ou pour les brutes? Evidemment, c'est pour les hommes. Les bêtes ne touchent même pas aux fruits de la vigne et de l'olivier, qui viennent en si grande quantité et qui sont d'un goût si exquis. Elles ne savent ni semer, ni cultiver, ni faire à temps la récolte, ni serrer et garder les fruits; il n'y a que l'homme qui prenne ces soins et qui en tire avantage.

LXIII

Les animaux profitent en cachette des productions de la terre ; mais c'est à nous que ces productions sont réservées. Les animaux eux-mêmes sont faits pour notre usage. Nous mettons à profit leurs instincts, nous utilisons leurs forces.

157. — Ainsi, comme les lyres et les flûtes sont faites pour ceux qui s'en peuvent servir, il doit être évident pour nous que les fruits de la terre sont uniquement destinés à ceux qui en usent. Or, si quelques bêtes en obtiennent un peu par ruse et par larcin, il ne s'ensuit pas que la terre les ait produits à leur intention. De même, quand les hommes entassent du froment dans leurs greniers, c'est pour leurs femmes, pour leurs enfants, pour leurs familles, et non en faveur des rats ou des fourmis. Aussi les bêtes n'en jouissent-elles qu'à la dérobée, comme j'ai dit ; tandis que les maîtres en usent publiquement et librement.

158. — C'est donc pour les hommes que la nature travaille, et il serait absurde de prétendre qu'une si grande abondance, une si grande variété de fruits, qui réjouissent non seulement le goût, mais encore l'odorat et la vue, soient créées pour d'autres que pour nous? Et tant s'en faut que les bêtes aient eu part au motif qui a fait produire les

fruits de la terre, qu'au contraire elles ont été produites
elles-mêmes pour les hommes? A quoi servent, en effet, les
brebis, sinon à porter une laine qui, préparée et tissue,
donne à l'homme ses vêtements? Ne voyons-nous pas qu'elles
ne sont capables de rien sans le secours de l'homme, pas
même de pourvoir à leurs aliments? Que signifient dans le
chien tant de fidélité, un art si affectueux de flatter son
maître, une si grande haine pour les étrangers, tant de sentiment pour guetter le gibier, tant de vivacité à le pour-
suivre? Que signifient, dis-je, toutes ces qualités du chien,
si ce n'est qu'il est né pour le service de l'homme?

159. — Parlerai-je des bœufs? On voit bien, à la forme
de leur dos, que leur affaire n'est pas de porter des charges;
mais leur cou est naturellement fait pour le joug, comme
leurs fortes et larges épaules pour tirer la charrue. Dans le
siècle d'or, ainsi que parlent les poètes, le service que ces
animaux rendaient au laboureur en lui fendant les guérets
était considéré comme si important que c'eût été alors un
crime de les tuer pour s'en nourrir.

« Alors s'éleva tout à coup parmi les hommes la race de fer;
» C'est elle qui osa, pour la première fois, fabriquer l'épée homicide
» Et se nourrir de la chair du jeune taureau, enchaîné et vaincu. »

LXIV

Beaucoup d'animaux sont destinés à la nourriture de l'homme.
Leur chair est si délicieuse au goût qu'il semble que la Providence soit épicurienne. Certains oiseaux servent à la divination. D'autres animaux nous procurent des remèdes.

160. — Je serais trop long, si je voulais suivre dans le
détail les services que nous rendent les ânes et les mulets,
et montrer que ces animaux sont certainement destinés à
nos usages. Et le cochon, à quoi est-il bon qu'à manger? Il
n'a une âme, dit Chrysippe, qu'en guise de sel pour l'empêcher de pourrir. Au reste, comme il était propre à la nourriture des hommes, la nature n'a point fait d'animal plus fécond que celui-là. Citerai-je encore cette grande multitude

de poissons et d'oiseaux, dont la chair est si délicate et qui flattent si délicieusement notre goût, qu'on serait tenté quelquefois de dire que notre Providence est épicurienne ! Peut-être, il est vrai, nous objectera-t-on que ces bêtes ne seraient même pas prises sans la raison et l'habileté de l'homme ; mais il est, du moins, certains oiseaux, ceux que nos augures appellent *alites* et *oscines*, qui semblent bien avoir été créés pour nous servir, par leur vol ou par leur chant, dans l'art de la divination.

161. — Quant aux bêtes sauvages et féroces, nous les prenons à la chasse soit pour les manger, soit pour nous occuper à un exercice qui est l'image de la guerre, soit pour nous servir de celles qu'on peut dompter et instruire, comme les éléphants, soit enfin pour tirer de leurs corps des remèdes à nos maladies et à nos plaies, comme nous en trouvons dans certaines plantes et certaines herbes, dont nous sommes arrivés, par une longue expérience et au péril de nos jours, à découvrir les utiles propriétés. Représentez-vous enfin toute la terre comme si vous l'aviez devant les yeux. Vous y découvrirez de vastes campagnes couvertes de moissons et de fruits, des montagnes revêtues d'épaisses forêts, des pâturages immenses pour les bestiaux. Vous y verrez les mers couvertes de navires, qui fendent les flots avec une incroyable vitesse.

162. — Et ce n'est pas seulement à la surface de la terre qu'abondent les choses utiles ; elles sont cachées aussi jusque dans la profondeur de ses entrailles et, destinées à l'homme, ne sont découvertes que par l'homme seul.

LXV

La divination. Sa vérité ; son universalité. Qu'on y voie une faculté naturelle ou un art, elle est toujours un don des dieux.

Une dernière preuve, sur laquelle vous allez, sans doute, vous jeter l'un et l'autre pour la critiquer ; vous, Cotta, parce que Carnéade s'élevait volontiers contre les Stoïciens ; vous, Velléius, parce qu'il n'est rien dont Épicure se moque tant

que des pronostics, me paraît au contraire, à moi, démontrer
plus que toutes les autres que la providence des dieux veille
sur les choses humaines. C'est la divination, dont la vérité
se fait connaître dans beaucoup de lieux, dans beaucoup de
rencontres, dans beaucoup d'affaires, soit particulières, soit
surtout publiques.

163. — De nombreux avertissements nous ont été donnés
par les intuitions des haruspices, par les prévisions des augures, par les oracles, par les vaticinations, par les songes,
par les prodiges : et souvent il est arrivé, grâce aux lumières venues par cette voie, que de grands avantages ont
été conquis ou que de grands périls ont été évités. Appelez
donc la divination une sorte de délire, ou un art, ou une
faculté naturelle ; toujours est-il sûr qu'elle a été donnée
par les dieux aux hommes, et aux hommes seuls, pour leur
assurer la connaissance de l'avenir. Que si, maintenant, ces
preuves, isolées les unes des autres, font peu d'impression
sur votre esprit, j'estime qu'elles vous toucheront, dès que
vous les considérerez ensemble, dans leur unité et leur
connexion.

LXVI

La Providence ne veille pas seulement sur l'homme en général,
  elle s'occupe aussi des individus. On arrive à le démontrer par
  une gradation. La terre est une sorte d'île. Les dieux veillent
  sur les diverses parties de cette île, Europe, Asie, Afrique. Ils
  veillent aussi sur les parties de ces parties. L'histoire montre
  qu'ils ont aimé et protégé beaucoup d'individus. Les grands
  hommes sont grands par l'inspiration et le secours des dieux.
  La divinité apparaît aux hommes ou leur envoie des pressentiments. Les maux accidentels ne peuvent être imputés aux
  dieux. Ils prennent soin des grandes choses ; ils ne s'embarrassent pas des petites.

164. — Au reste, la providence des dieux ne protège pas
seulement l'universalité du genre humain ; elle veille aussi
sur chaque particulier. Il est facile de le comprendre en ré-
duisant d'abord l'universalité à un moindre nombre, puis en
passant de ce moindre nombre aux particuliers. Si, en effet,

les raisons que j'ai signalées prouvent que les dieux prennent soin de tous les hommes, dans quelque pays, sur quelque rivage que ce puisse être, même en dehors de notre continent, il faut bien admettre qu'ils prennent soin aussi de ceux qui habitent la même terre que nous, du levant jusqu'au couchant.

165. — Et maintenant, s'ils veillent sur ceux qui habitent cette espèce de grande île que nous appelons le *globe de la terre*, pareillement ils veillent sur ceux qui occupent les diverses parties de cette île : l'Europe, l'Asie, l'Afrique. Ils chérissent donc les parties de ces parties, comme Rome, Athènes, Sparte, Rhodes ; et ils chérissent les particuliers de ces villes, séparés de la totalité. C'est ainsi que, dans la guerre de Pyrrhus, ils témoignèrent une affection spéciale à Curius, à Fabricius, à Coruncanius ; dans la première guerre punique, à Calatinus, à Duillius, à Métellus, à Lutatius ; dans la seconde, à Fabius Maximus, à Marcellus, à l'Africain ; ensuite, à Paul-Emile, à Gracchus, à Caton ; enfin, du temps de nos pères, à Scipion, à Lélius. Et, en dehors de ceux-là, Rome et la Grèce ont produit beaucoup d'autres grands hommes, dont il est bien vraisemblable que pas un n'aurait été tel sans la faveur d'un dieu.

166. — C'est pour cette raison que les poètes, Homère surtout, ne manquent point d'associer à leurs principaux héros, comme Ulysse, Diomède, Agamemnon, Achille, des divinités spéciales, qui sont les compagnes de leurs aventures et de leurs dangers. En outre, les fréquentes apparitions des dieux eux-mêmes, telles que j'en ai raconté ci-dessus un certain nombre, manifestent assez clairement qu'ils étendent leur protection et sur les villes et sur les particuliers. On le voit aussi par les pressentiments de l'avenir qui nous viennent de leur part, soit pendant le sommeil, soit pendant la veille. Enfin, d'autres avertissements nous sont donnés encore par les prodiges, par les palpitations des entrailles, par une infinité de signes qu'une observation journalière a recueillis pour en former l'art de la divination.

167. — On peut donc conclure qu'il n'y a jamais eu de

grand homme sans quelque inspiration divine. Et il ne faut
pas objecter à cela que, si l'orage gâte les blés ou les vignes
de quelque particulier, ou qu'un accident lui enlève tel ou
tel des biens de la vie, nous devons en conclure qu'un dieu
le hait ou le néglige. Les dieux prennent soin des grandes
choses, ils ne s'embarrassent pas des petites. D'ailleurs, tout
prospère toujours aux grands hommes, s'il est vrai, comme
nos Stoïciens l'ont montré, et avant eux Socrate lui-même,
le prince des philosophes, qu'il y a dans la vertu des ressources et des bénédictions infinies.

LXVII

Adjuration à Cotta.

168. — Voilà, à peu près, ce qui se présentait à mon
esprit, et ce que j'ai cru devoir dire sur la nature des dieux.
Pour vous, Cotta, si vous me croyez, défendez la même
cause. Souvenez-vous que vous tenez dans Rome le premier
rang, et que vous êtes pontife. Le *pour* et le *contre* étant à
votre choix dans la dispute, préférez mon parti ; faites-le
valoir avec l'éloquence que vous avez puisée dans les exer-
cices de la rhétorique, et que vous avez ensuite fortifiée par
ceux de l'Académie. Car c'est une faute et une impiété que
de parler contre les dieux, soit qu'on le fasse d'abondance
de cœur, ou qu'on n'y voie qu'un jeu de dialectique.

SAINT-CLOUD. — IMPRIMERIE V° EUG. BELIN ET FILS.